2017
研究前沿及分析解读

中国科学院科技战略咨询研究院
中国科学院文献情报中心
〔英〕科睿唯安

2017 Research Fronts and Analysis

科学出版社
北 京

图书在版编目（CIP）数据

2017研究前沿及分析解读 / 中国科学院科技战略咨询研究院，中国科学院文献情报中心，英国科睿唯安著. —北京：科学出版社，2018.7

ISBN 978-7-03-058161-7

I. ①2… Ⅱ. ①中… ②中… ③英… Ⅲ. ①社会科学-发展-世界-2017 ②自然科学-发展-世界-2017 Ⅳ. ①C1 ②N1

中国版本图书馆 CIP 数据核字（2018）第138994号

责任编辑：邹 聪 李世霞/ 责任校对：邹慧卿
责任印制：徐晓晨 / 封面设计：无极书装
联系电话：010-64035853
E-mail: houjunlin@mail.sciencep.com

科学出版社出版
北京东黄城根北街 16 号
邮政编码：100717
http://www.sciencep.com
北京虎彩文化传播有限公司 印刷
科学出版社发行 各地新华书店经销
*
2018 年 7 月第 一 版 开本：787 × 1092 1/16
2020 年 1 月第二次印刷 印张：10
字数：190 000

定价：78.00 元

（如有印装质量问题，我社负责调换）

编纂委员会

专家指导委员会

主　　任　白春礼
副 主 任　张　涛
执行副主任　潘教峰　刘会洲　郭　利
委　　员　于　渌　李国杰　方荣祥　李永舫　姚檀栋　李树深
翟明国　喻树迅　李晋闵　张　凤　张晓林　刘　清
何国威　肖立业　程代展　朱　祯　高彩霞　单保慈
赵　冰　张建玲　刘会贞　田　野　史建波　施　一
张正斌　张　雯　何　畅

2017 研究前沿

总体组

科睿唯安　David Pendlebury　岳卫平　张志辉
中国科学院科技战略咨询研究院　冷伏海　周秋菊

前沿解读组（前沿命名与重点前沿解读分析）

农业、植物学和动物学　袁建霞　邢　颖
生态与环境科学　周秋菊
地球科学　范唯唯　王海名　杨　帆
临床医学　李赞梅　李军莲　毕新刚　冀玉静
生物科学　周　群　周秋菊
化学与材料科学　边文越　张超星
物理学　黄龙光

天文学与天体物理学　　韩　淋　王海名　杨　帆
数学、计算机科学与工程　　王海名　王海霞
经济学、心理学及其他社会科学　　裴瑞敏

英文翻译组

袁建霞　邢　颖　周秋菊　范唯唯　王海名　杨　帆　李赞梅　李军莲
周　群　边文越　张超星　黄龙光　韩　淋　王海霞　裴瑞敏　岳卫平
张志辉　Christopher M. King

2017研究前沿热度指数

策　　划　　潘教峰
指数设计　　冷伏海
数据分析、报告撰写及统稿　　周秋菊　杨　帆　冷伏海
统　　稿　　岳卫平　张志辉

中美研究前沿科研实力比较研究

数据分析、报告撰写及统稿　　冷伏海　赵庆峰　周秋菊

数据支持组

科睿唯安
中国科学院科技战略咨询研究院　　王小梅　李国鹏

目 录
CONTENTS

第 1 章　方法论和数据说明

1.1　背景介绍

科学研究的世界呈现出蔓延生长、不断演化的景象。科研管理者和政策制定者需要掌握科研的进展和动态，以有限的资源来支持和推进科学进步。对于他们而言，洞察科研动向，尤其是跟踪新兴专业领域对其工作具有重大的意义。

为此，科睿唯安发布了“研究前沿”（research front）数据和报告。定义一个被称作研究前沿的专业领域的办法，源自科学研究之间存在的某种特定的共性。这种共性可能来自实验数据，也可能来自研究方法、概念或假设，并反映在科学家在论文中引用其他科学家的工作这个学术行为之中。

通过持续跟踪全球最重要的科研和学术论文，研究分析论文被引用的模式和聚类，特别是成簇的高被引论文频繁地共同被引用的情况，可以发现研究前沿。当一簇高被引论文共同被引用的情形达到一定的活跃度和连贯性时，就形成一个研究前沿，而这一簇高被引论文便是组成该研究前沿的“核心论文”。研究前沿的分析数据揭示了不同研究者在探究相关的科学问题时会产生一定的关联，尽管这些研究人员的背景不同或来自不同的学科领域。

总之，研究前沿的分析提供了一个独特的视角来揭示科学研究的脉络。研究前沿的分析不依赖于对文献的人工标引和分类（因为这种方法可能会有标引分类人员判断的主观性），而是基于研究人员的相互引用而形成的知识之间和人之间的联络。这些研究前沿的数据连续记载了分散的研究领域的发生、汇聚、发展（或者是萎缩、消散），以及分化和自组织成更近的研究活动节点。在演进的过程中，每组核心论文的基本情况，如主要的论文、作者、研究机构等，都可以被查明和跟踪。通过对该研究前沿的施引论文的分析，可以发现该领域的最新进展和发展方向。

2013 年，科睿唯安发布了《2013 研究前沿——自然科学和社会科学的前 100 个探索领域》的白皮书。2014 年和 2015 年，科睿唯安与中国科学院文献情报中心成立的“新兴技术未来分析联合研究中心”推出了《2014 研究前沿》和《2015 研究前沿》分析报告。2016 年，中国科学院科技战略咨询研究院、中国科学院文献情报中心和科睿唯安联合发布了《2016 研究前沿》分析报告，这一系列报告引起了全球广泛的关注。2017 年，在以往系列研究前沿报告的基础上，推出了《2017 研究前沿》分析报告。报告仍然以文献计量学中的共被引分析方法为基础，基于科睿唯安的 Essential Science Indicators (ESI) 数据库中的 9690 个研究前沿，遴选出了 2017 年自然科学和社会科学的 10 个大学科领域排名最前的 100 个热点前沿和 43 个新兴前沿。

1.2 方法论

整个分析工作分为两个部分：第一部分，研究前沿的遴选、143 个研究前沿的核心论文及其施引论文的数据提供由科睿唯安完成；第二部分，研究前沿的分析及重点研究前沿（即重点热点前沿和重点新兴前沿）的遴选和解读由中国科学院科技战略咨询研究院科技战略情报研究所主持完成。此次分析基于 2011～2016 年的论文数据，数据下载时间为 2017 年 3 月。

1.2.1 研究前沿的遴选

《2017 研究前沿》分析报告反映了当前自然科学与社会科学的 10 个大学科领域的 143 个研究前沿（包括 100 个热点前沿和 43 个新兴前沿）。报告以 ESI 数据库中的 9690 个研究前沿为起点，遴选目标是要找到那些较为活跃或发展迅速的研究前沿。报告中所列的 143 个研究前沿的具体筛选过程如下。

1.2.1.1 热点前沿的遴选

先把 ESI 数据库中 21 个学科领域的 9690 个研究前沿划分到 10 个高度聚合的大学科领域中，然后对每个大学科领域中的研究前沿的核心论文，按照总被引频次进行排序，提取排在前 10% 的最具引文影响力的研究前沿。以此数据为基础，再根据核心论文出版年的平均值重新排序，找出那些“最年轻”的研究前沿。通过上述两个步骤在每个大学科领域分别选出 10 个热点前沿，共计 100 个热点前沿。因为每个学科领域具有不同的特点和引用行为，有些学科领域中的很多研究前沿在核心论文数和总被引频次上会相对较小，所以从 10 个大学科领域中分别遴选出的排名前 10 的热点前沿，代表各大学科领域中最具影响力的研究前沿，但并不一定代表跨数据库（所有学科）中最大、最热的研究前沿。

1.2.1.2 新兴前沿的遴选

一个有很多新近的核心论文的研究前沿，通常提示其是一个快速发展的专业研究方向。为了选取新兴前沿，组成研究前沿的基础文献即核心论文的时效性是优先考虑的因素。这就是为什么我们称其为“新兴前沿”。为了识别新兴前沿，我们对研究前沿中的核心论文的出版年赋予了更多的权重或优先权，只有核心论文平均出版年在 2015 年 6 月之后的研究前沿才被考虑，然后再按被引频次从高到低排序，选取被引频次在 100 以上的研究前沿，从而遴选出 43 个新兴前沿，这 43 个新兴前沿最早的平均出版年是 2015 年 6 月。遴选不限定学科，因此 43 个新兴前沿在 10 个大学科领域中分布并不均匀，生态与环境科学，数学、计算机科学与工程，经济学、心理学及其他社会科学领域没有新兴前沿，而化学与材料科学领域选出了 16 个新兴前沿。

通过以上两种方法，这份报告突出显示了 10 个高度聚合的大学科领域中的 100 个热点前沿和 43 个新兴前沿。

1.2.2 研究前沿的分析及重点研究前沿的遴选和解读

本书在科睿唯安遴选的 143 个研究前沿数据的基础上，由中国科学院科技战略咨询研究院的战略情报研究人员对 10 个大学科领域的 100 个热点前沿的发展趋势进行了分析，并对 27 个重点研究前沿进行了详细的解读（见本书第 2～11 章）。重点研究前沿包括重点热点前沿和重点新兴前沿两部分。

研究前沿是由一组高被引的核心论文和一组共同引用核心论文的施引论文组成的。核心论文来自 ESI 数据库中的高被引论文，即在同学科、同年度中被引频次排在前 1% 的论文。这些有影响力的核心论文的作者、机构、国家在该领域也做出了不可磨灭的贡献，本书也对其进行了深入分析和解读。同时，引用这些核心论文的施引论文可以反映出核心论文所提出的技术、数据、理论在发表之后是如何被进一步发展的，即使这些引用核心论文的施引论文本身并不是高被引论文。

1.2.2.1 重点研究前沿的遴选

2014 年研究前沿设计了遴选重点研究前沿的指标（CPT），2015 年在 CPT 指标的基础上，又增加了规模指标，即核心论文数（P）。

1）P

ESI 数据库用共被引文献簇（核心论文）来表征研究前沿，并根据文献簇的元数据及其统计揭示研究前沿的发展态势，其中 P 总量标志着研究前沿的大小，文献簇的平均出版年和论文的时间分布标志着研究前沿的进度。P 表达了研究前沿中知识基础的重要程度。在一定时间段内，一个前沿的 P 越大，表明该前沿越活跃。

2）CPT

CPT 是核心论文的总被引频次（C）除以 P，再除以施引论文所发生的年数（T）。施引论文所发生的年数指施引论文集合中最新发表的施引论文与最早发表的施引论文的发表时间的差值。如最新发表的施引论文的发表时间为 2016 年，最早发表的施引论文的发表时间为 2012 年，则该施引论文所发生的年数为 4。

$$\mathrm{CPT} = (C / P) / T = \frac{C}{P \cdot T}$$

CPT 实际上是一个研究前沿的平均引文影响力和施引论文发生年数的比值，该指标越高代表该前沿越热或越具有影响力。它反映了某研究前沿的引文影响力的广泛性和及时性，可以用于探测研究前沿的突现、发展以及预测研究前沿下一个时期可能的发展。该指标既考虑了某研究前沿受到关注的程度，即核心论文的总被引频次，又反映了该研究前沿受关注的年代趋势，即施引论文所发生的年度。

在研究前沿被持续引用的前提下，当两个研究前沿的 *P* 值和 *T* 值分别相等时，则 *C* 值较大的研究前沿的 CPT 值也随之较大，指示该研究前沿引文影响力较大。

当两个研究前沿的 *C* 值和 *P* 值分别相等时，则 *T* 值较小的研究前沿的 CPT 值相反会较大，指示该研究前沿在近期受关注度较高。

当两个研究前沿的 *C* 值和 *T* 值分别相等时，*P* 值较小的研究前沿的 CPT 值反而会较大，指示该研究前沿引文影响力较大。

《2017 研究前沿》在遴选重点研究前沿过程中，对每个大学科领域的 10 个热点前沿用 *P* 结合战略情报研究人员的专业判断各遴选出一个重点热点前沿，专业判断主要考虑该前沿是否对解决重大问题有重要意义，一般选择 *P* 值最高的两个前沿，比较两个前沿哪个对解决重大问题更有重要意义，如“电子烟的用户偏好、有毒物质释放、管制以及对戒烟的影响”和“区域产业的环境效益和能源效率评价”，很明显后者更有重要意义，因此选择后者。然后，用 CPT 结合专业判断再各遴选出一个重点热点前沿。

因此通过这两种方法共遴选出 20 个重点热点前沿。对于 43 个新兴前沿，利用 CPT 结合战略情报研究人员的判断遴选出 7 个重点新兴前沿。因此对于 143 个研究前沿，共遴选出 27 个重点研究前沿进行深入解读。

1.2.2.2 研究前沿的分析和解读

1）热点前沿分析及重点热点前沿的解读

对于每个学科领域，第一张表展示各自的前 10 个热点前沿的核心论文的数量、被引频次以及核心论文平均出版年，每个学科领域遴选出的重点热点前沿在表中用绿色底纹标出。然后，对每个学科领域遴选出的重点热点前沿进行深入分析和解读。因为分析数据基于 2011～2016 年的论文，核心论文平均出版年份会介于 2011～2016 年。

每个学科领域的 10 个研究前沿中引用核心论文的论文（施引论文）的年度分布用气泡图的方式展示。基于 *P* 遴选的重点热点前沿用蓝色气泡表示，基于 CPT 遴选的重点热点前沿用红色气泡表示。气泡大小表示每年施引论文的数量，对于那些施引论文量大，而施引论文所发生的年数少的前沿，可以从图中直观地看出哪些是重点热点前沿。但是对于 *P* 较少的情况，则需要结合数据来看。大部分研究前沿的施引论文每年均有一定程度的增长，因此气泡图也有助于对研究前沿发展态势的理解。

每个学科领域的第二张表对核心论文的国家（地区）、机构活跃状况进行了分析，揭示出哪些国家（地区）、机构在某重点热点前沿中有较大贡献。第三张表则对施引论文中的国家（地区）和机构进行了分析，探讨国家（地区）、机构在这些研究前沿发展中的研究布局。

2）新兴前沿分析及重点新兴前沿的解读

新兴前沿的体量（核心论文及其施引论文）较小，因此，统计数据的分析意义不大。通过科技情报研究人员对重点新兴前沿的核心论文及相关信息进行内容方面的解读，可以了解重点新兴前沿的发展脉络、研究力量布局及发展前景。

第 2 章　农业、植物学和动物学

2.1　热点前沿及重点热点前沿解读

2.1.1　农业、植物学和动物学 Top10 热点前沿发展态势

农业、植物学和动物学领域 Top10 热点前沿主要包括植物基因组技术研究、植物营养机制研究、农业资源研究等（表 2.1 和图 2.1）。植物基因组技术相关研究有 3 个前沿入选 Top10 热点前沿，包括“植物基因组编辑技术及其在农作物中的应用研究”“植物 DNA 甲基化的调控机理及其作用”“棉花基因组序列与重要性状 QTL 分析”。其中“植物基因组编辑技术及其在农作物中的应用研究”前沿是植物生物技术领域的重大突破，发展迅猛。植物营养机制相关研究有 2 个前沿，包括“丛枝菌根的共生关系及营养与信号机制研究”和“植物中钾离子的吸收、传输与植物耐盐胁迫的生理机制和调控”，该前沿还是 2015 年的新兴前沿。农业资源相关研究有 2 个前沿，包括“海洋渔业资源评估及基于生态系统的管理策略”和“全球土壤碳高分辨率地图”。关于植物学的研究前沿还包括“植物细胞壁纤维素的生物合成机理”。动物学的研究前沿是水果害虫“斑翅果蝇的入侵生物学研究”。微生物的研究前沿是“子囊菌和半知菌的分类学与系统发育学”，该前沿连续两年入选 Top10 热点前沿。

表 2.1　农业、植物学和动物学 Top10 热点前沿

排名	热点前沿	核心论文 / 篇	被引频次	核心论文平均出版年
1	植物基因组编辑技术及其在农作物中的应用研究	44	2227	2014.5
2	斑翅果蝇的入侵生物学研究	23	850	2014.2
3	植物中钾离子的吸收、传输与植物耐盐胁迫的生理机制和调控	18	809	2014.1

续表

排名	热点前沿	核心论文/篇	被引频次	核心论文平均出版年
4	海洋渔业资源评估及基于生态系统的管理策略	36	2312	2013.9
5	植物 DNA 甲基化的调控机理及其作用	11	1115	2013.9
6	棉花基因组序列与重要性状 QTL 分析	7	829	2013.9
7	子囊菌和半知菌的分类学与系统发育学	33	1933	2013.8
8	植物细胞壁纤维素的生物合成机理	23	1163	2013.8
9	丛枝菌根的共生关系及营养与信号机制研究	14	1025	2013.8
10	全球土壤碳高分辨率地图	10	605	2013.8

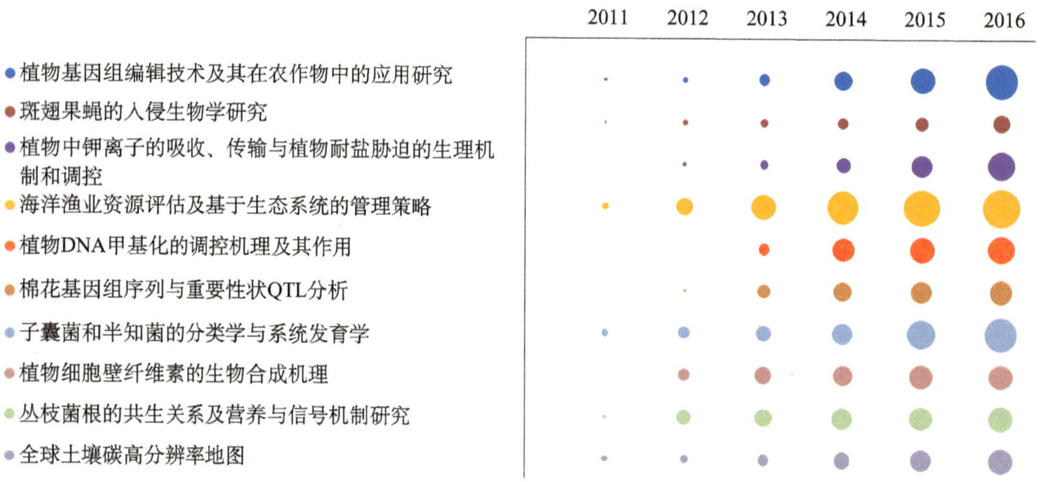

图 2.1 农业、植物学和动物学 Top10 热点前沿的施引论文

2.1.2 重点热点前沿——植物基因组编辑技术及其在农作物中的应用研究

基因组编辑技术作为生命科学技术发展中的一项突破性技术，实现了针对基因的精准修改。而 CRISPR 技术的出现和发展，使基因组编辑技术在原有的 ZFN 和 TALEN 技术的基础上，变得更加简便和经济，进而在基础研究、基因治疗及遗传改良等方面展现出巨大的潜力，在生物技术领域掀起了研究的热潮。2012 年，*Science* 期刊将 TALEN 技术列入年度十大科学进展；2013 年，*Science* 期刊将操作更简便灵活、成本更低的 CRISPR/Cas9 技术列入年度十大科学进展；2014 年，*Nature Methods* 期刊将基因组编辑技术评为过去 10 年间对生物学研究最有影响力的 10 个研究方法之一；2015 年，“CRISPR/Cas9 系统免疫机制及其在基因组编辑的应用”入选生物学领域 Top10 热点前沿；2016 年，*MIT Technology Review* 将植物基因组编辑技术评为 2016 年 10 大

技术突破。该热点前沿共有44篇核心论文。大部分研究是应用基因组编辑技术对特定植物基因组的定向诱变和修饰，其中主要是利用CRISPR/Cas9技术，针对拟南芥、烟草等模式植物，以及水稻、大豆等重要作物的基因组编辑，也有一些研究聚焦基因组编辑的工具方法。

统计分析核心论文产出的国家和机构（表2.2）。44篇核心论文来自11个国家。其中，美国是核心论文最主要的来源国，共有25篇，占论文总数的56.8%；中国和日本的核心论文数分别有15篇和6篇，分别占34.1%和13.6%；其他国家的论文数较少。机构中，美国明尼苏达大学双城分校、中国科学院、美国艾奥瓦州立大学的核心论文数最多，分别为8篇、7篇和6篇。

从施引论文的来源国家和机构来看（表2.3），美国仍是施引论文的最大来源国，有309篇论文，占施引论文总数的40.7%；中国排第2位，有179篇论文，占施引论文总数的23.6%；德国、日本和英国的施引论文数相近，分别有77篇、71篇和62篇，均不超过施引论文总数的约10%。施引论文的来源机构中，中国科学院、美国明尼苏达大学双城分校、美国艾奥瓦州立大学的施引论文最多，分别有57篇、33篇和27篇。

数据表明，美国、中国在该领域表现突出。其中美国研究成果最多、优势明显，研究机构实力强大，主导了植物基因组编辑领域的研发；中国继美国之后，在成果产出、后续跟进研究、机构实力上也具有较突出的表现。

表2.2 “植物基因组编辑技术及其在农作物中的应用研究”研究前沿中44篇核心论文的Top产出国家和机构

排名	国家	核心论文/篇	比例/%	排名	机构	国家	核心论文/篇	比例/%
1	美国	25	56.8	1	明尼苏达大学双城分校	美国	8	18.2
2	中国	15	34.1	2	中国科学院	中国	7	15.9
3	日本	6	13.6	3	艾奥瓦州立大学	美国	6	13.6
4	英国	3	6.8	4	西南大学	中国	3	6.8
4	德国	3	6.8	4	日本农业生物资源研究所	日本	3	6.8
6	法国	2	4.5	4	横滨市立大学	日本	3	6.8
6	韩国	2	4.5	4	Cellectis植物科学公司	美国	3	6.8
8	菲律宾	1	2.3	4	普渡大学	美国	3	6.8
8	捷克	1	2.3	4	内布拉斯加大学林肯分校	美国	3	6.8
8	丹麦	1	2.3					
8	澳大利亚	1	2.3					

表 2.3 “植物基因组编辑技术及其在农作物中的应用研究”研究前沿中施引论文的 Top 产出国家和机构

排名	国家	施引论文 / 篇	比例 /%	排名	机构	国家	施引论文 / 篇	比例 /%
1	美国	309	40.7	1	中国科学院	中国	57	7.5
2	中国	179	23.6	2	明尼苏达大学双城分校	美国	33	4.3
3	德国	77	10.1	3	艾奥瓦州立大学	美国	27	3.6
4	日本	71	9.3	4	美国农业部	美国	19	2.5
5	英国	62	8.2	4	加利福尼亚大学戴维斯分校	美国	19	2.5
6	澳大利亚	36	4.7	6	中国农业科学院	中国	18	2.4
7	意大利	32	4.2	6	京都大学	日本	18	2.4
8	印度	31	4.1	6	康奈尔大学	美国	18	2.4
9	法国	30	3.9	9	日本农业生物资源研究所	日本	15	2.0
10	加拿大	19	2.5					

2.1.3 重点热点前沿——植物 DNA 甲基化的调控机理及其作用

DNA 甲基化是在 DNA 甲基转移酶作用下将甲基选择性地结合到胞嘧啶上形成 5-甲基胞嘧啶的过程，是表观遗传修饰的主要方式之一，在调控基因表达、基因组防御、维持基因组稳定和调节植物生长发育等方面发挥着重要作用。自从 1988 年 DNA 甲基化相关酶及基因被发现以来，DNA 甲基化研究日益开展起来，目前已成为新的研究热点之一。围绕 DNA 甲基化的建立和维持机制、胁迫环境下 DNA 甲基化的改变及其对基因表达的影响，以及 DNA 甲基化检测技术等开展了大量研究。

“植物 DNA 甲基化的调控机理及其作用”热点前沿共有核心论文 11 篇。其中 5 篇主要研究拟南芥（4 篇）和玉米（1 篇）中 DNA 甲基化的调控机理，包括 DNA 甲基化调节因子的鉴定及其在 DNA 甲基化中的功能、环境和遗传变化等对 DNA 甲基化的影响、DNA 甲基化的进化模式和进化机制等。另外 6 篇主要以拟南芥为对象，研究 DNA 甲基化的作用，包括对转座子的调控、对蛋白修饰和非编码小 RNA 的作用、与遗传变异之间的关联及对复杂性状（如开花时间和初生根长）的影响。

从核心论文的国家（地区）和机构分布来看（表 2.4），共有 12 个国家（地区）参与了这 11 篇核心论文的发表，其中美国是主要产出国，参与发表了 10 篇论文，占该前沿核心论文总量的 90.9%。法国和德国各参与发表了 2 篇，其余 9 个国家（地区）各参与发表了 1 篇。在机构层面，法国国家科学研究中心、法国国家农业科学研究院、德国的马普学会及美国的纪念斯隆－凯特琳癌症中心和加利福尼亚大学洛杉矶分校属于发表核心论文较多的机构，各参与发表了 2 篇。

表 2.4 “植物 DNA 甲基化的调控机理及其作用”研究前沿中 11 篇核心论文的 Top 产出国家（地区）和机构

排名	国家（地区）	核心论文 / 篇	比例 /%	排名	机构	国家	核心论文 / 篇	比例 /%
1	美国	10	90.9	1	法国国家科学研究中心	法国	2	18.2
2	法国	2	18.2	1	法国国家农业科学研究院	法国	2	18.2
2	德国	2	18.2	1	马普学会	德国	2	18.2
4	日本	1	9.1	1	纪念斯隆 - 凯特琳癌症中心	美国	2	18.2
4	荷兰	1	9.1	1	加利福尼亚大学洛杉矶分校	美国	2	18.2
4	西班牙	1	9.1					
4	中国台湾	1	9.1					
4	英国	1	9.1					
4	澳大利亚	1	9.1					
4	奥地利	1	9.1					
4	中国大陆	1	9.1					
4	捷克	1	9.1					

从施引论文的来源国家和机构来看（表 2.5），美国是施引论文的最主要来源国，远超其他国家，有 314 篇，占该前沿施引论文总量的 48.0%；中国排第 2 位，有 135 篇论文，占 20.6%；德国排第 3 位，有 73 篇论文，占 11.2%。在机构层面，中国科学院是施引论文的最主要来源机构，有 48 篇，占该前沿施引论文总量的 7.3%，其后依次是德国的马普学会和美国的佐治亚大学，分别名列第 2 位和第 3 位，分别有 35 篇和 30 篇施引论文，占比分别为 5.4% 和 4.6%。

表 2.5 “植物 DNA 甲基化的调控机理及其作用”研究前沿中施引论文的 Top 产出国家和机构

排名	国家	施引论文 / 篇	比例 /%	排名	机构	国家	施引论文 / 篇	比例 /%
1	美国	314	48.0	1	中国科学院	中国	48	7.3
2	中国	135	20.6	2	马普学会	德国	35	5.4
3	德国	73	11.2	3	佐治亚大学	美国	30	4.6
4	法国	68	10.4	4	普渡大学	美国	25	3.8
5	英国	59	9.0	4	加利福尼亚大学洛杉矶分校	美国	25	3.8
6	澳大利亚	38	5.8	6	明尼苏达大学双城分校	美国	19	2.9
7	日本	36	5.5	7	索尔克生物研究所	美国	18	2.8
8	瑞士	32	4.9	8	中国农业大学	中国	16	2.4
9	荷兰	30	4.6	9	剑桥大学	英国	15	2.3
10	西班牙	28	4.3	9	俄亥俄州立大学	美国	15	2.3

综合上述分析，美国既是核心论文的重要产出国又是重要的施引论文来源国，均名列第 1 位，遥遥领先。中国（不包括台湾地区）在该领域为后起之秀，处于跟进状态，核心论文有 1 篇，但施引论文数名列第 2 位。

2.2 新兴前沿及重点新兴前沿解读

2.2.1 新兴前沿概述

农业、植物学和动物学领域有 1 项研究入选新兴前沿（表 2.6），即“树木年轮分析及其在环境气候变化研究中的应用”。

表 2.6 农业、植物学和动物学的 1 个新兴前沿

序号	新兴前沿	核心论文 / 篇	被引频次	核心论文平均出版年
1	树木年轮分析及其在环境气候变化研究中的应用	15	160	2015.7

2.2.2 重点新兴前沿——树木年轮分析及其在环境气候变化研究中的应用

树木年轮学是一门研究年轮特性，并利用年轮来定年和分析过去环境变化的科学，20 世纪初由美国天文学家 A.E. Douglass 创立。最初的 20 年主要是美国在开展树木年轮分析，自 1937 年美国亚利桑那大学建立了世界上第一个树木年轮研究实验室后，树木年轮学蓬勃发展，研究在世界各地兴起。由于树木年轮资料具有定年精确、追索时间长、分辨率高、分布广、能就地取材等突出的优势，树木年轮分析已成为研究过去全球气候变化的重要技术之一，长期以来在全球气候变化研究中得到了广泛的应用。近年来随着全球对气候变化的关注，树木年轮分析及其在环境气候变化研究中的应用一跃成为当前植物学领域的新兴前沿之一。树木年轮分析的深度也由初期的针对年轮宽度、密度和亮度等的物理分析发展到了对年轮稳定同位素、化学组分和解剖结构等分子水平的分析。尤其是近年来随着电子扫描技术、信号传感技术、图像处理技术的深入发展，快速精准的年轮识别技术越来越显示出强大的技术优势和发展前景，使年轮识别从肉眼和手工计算转为仪器观测，走向自动化、计算机技术化、程序化、图像化，使信息精度更准确可信，为研究环境气候变化提供了重要技术基础。

该新兴前沿共有核心论文 15 篇，其中 7 篇是通过利用新技术、新方法分析树木的年轮特征，来获取环境信息及进行气候重建，另 8 篇重点分析不同环境因素对年轮形成的影响，即进行气候环境与年轮的相关性分析。

第 3 章　生态与环境科学

3.1　热点前沿及重点热点前沿解读

3.1.1　生态与环境科学 Top 10 热点前沿发展态势

生态与环境科学 Top 10 热点前沿中，8 个前沿涉及三大世界性的环境问题，即环境污染、全球变暖和土壤侵蚀，其中 6 个是环境污染相关的热点前沿（表 3.1 和图 3.1）。从发展态势来看，环境污染问题受到越来越多的重视，2015 年 Top10 热点前沿中有 3 个环境污染相关的前沿，2016 年有 5 个相关热点前沿，2017 年则有 6 个热点前沿涉及不同的污染问题。“海洋环境中的微塑料污染”连续 3 年入选 Top10 热点前沿；“全球性汞污染”和“有机磷阻燃剂对环境和人类的影响”连续 2 年入选 Top10 热点前沿；“2013 年 1 月中国中东部重度雾霾形成机制”“过硫酸盐活化降解有机污染物”“金属改性活性炭吸附水中有毒污染物”成为新的热点前沿。

“北极海冰减少的气候效应研究”是 2017 年全球变暖研究方面唯一进入 Top10 的热点前沿。而土壤侵蚀方面，“土壤的抗侵蚀性及其影响因素”是核心论文平均出版年最年轻的一个热点前沿。

生态学领域 2 个前沿“适应性进化的基因组学研究”和“环境 DNA 宏条形码技术监测生物多样性”，分别应用基因组学技术和环境 DNA 宏条形码技术（eDNA metabarcoding）等新兴的技术方法解决生态学问题，赋予了生态学新的活力。

表 3.1　生态与环境科学 Top 10 热点前沿

排名	热点前沿	核心论文 / 篇	被引频次	核心论文平均出版年
1	土壤的抗侵蚀性及其影响因素	28	1154	2014.6
2	适应性进化的基因组学研究	31	1685	2014.4

续表

排名	热点前沿	核心论文/篇	被引频次	核心论文平均出版年
3	2013 年 1 月中国中东部重度雾霾形成机制	22	1454	2014.4
4	过硫酸盐活化降解有机污染物	31	1370	2014.2
5	环境 DNA 宏条形码技术监测生物多样性	42	2607	2013.9
6	北极海冰减少的气候效应研究	32	2329	2013.9
7	全球性汞污染	27	1731	2013.9
8	金属改性活性炭吸附水中有毒污染物	29	3606	2013.8
9	海洋环境中的微塑料污染	49	3730	2013.7
10	有机磷阻燃剂对环境和人类的影响	26	1642	2013.7

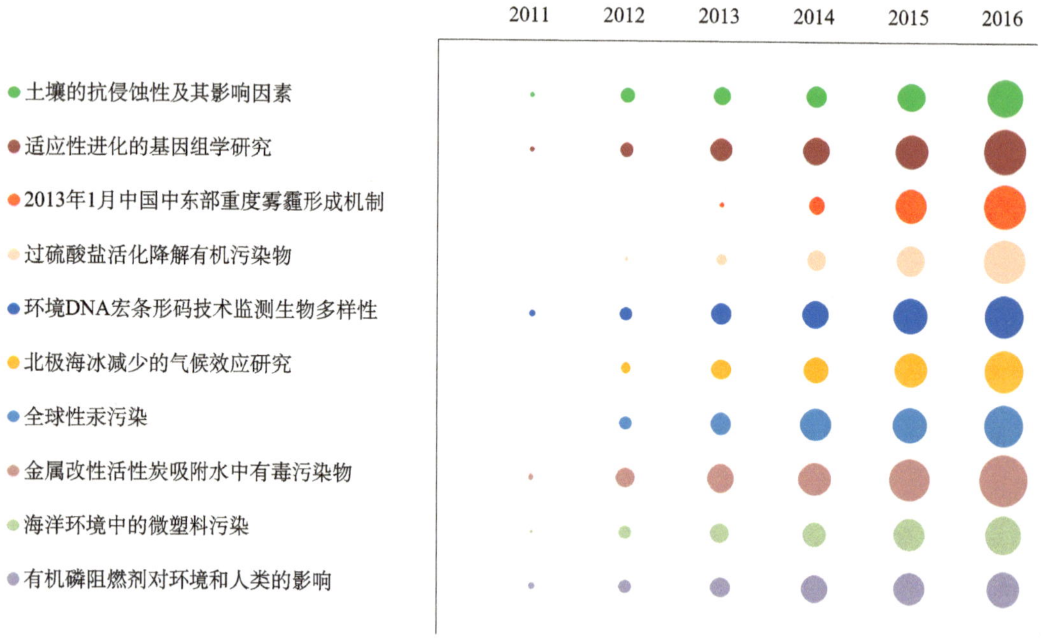

图 3.1 生态与环境科学 Top10 热点前沿的施引论文

3.1.2 重点热点前沿——2013 年 1 月中国中东部重度雾霾形成机制

2013 年 1 月，罕见的连续高强度大面积的雾霾污染席卷了中国中东部地区，引起了全球的高度关注。此次霾污染最严重的是京津冀区域，霾污染情况远比 1952 年的伦敦雾霾事件、美国 20 世纪 40～50 年代洛杉矶光化学烟雾事件更为复杂和严重。

该热点前沿的原创性研究工作主要围绕 2013 年 1 月中国中东部重度雾霾事件以及之后的雾霾污染事件展开。研究内容涉及测定霾污染物化学组成、厘清各类污染物的贡献、分析重度雾霾形成机制，为制定有效控制对策提供了依据。研究结果发现燃煤、工业（钢铁、重化工、建材和冶金等）、机动车及其他移动源、生物质燃烧和扬尘等污染源的高强度排放，是当前中国大气污染物的5类主要来源。

该热点前沿中，被引频次最高的一篇论文来自2014年*Nature*期刊发表的中国科学院地球环境研究所曹军骥课题组和瑞士保罗·谢尔研究所Prévô André课题组合作的*High secondary aerosol contribution to particulate pollution during haze events in China*论文，被引频次达到303次。该论文在国际上首次揭示出北京、上海、广州和西安4个城市雾霾污染很大程度上是由于二次气溶胶的比例过高。而在二次气溶胶中，有机气溶胶和无机气溶胶的比例相当。这与燃煤和生物质燃烧排放的大量二次气溶胶前体物［特别是挥发性有机物（VOCs）］密切相关。这一新发现加深了人们对中国雾霾成因与来源的科学理解，为未来制定控制政策和治理措施提供了科学依据。

从核心论文产出国家来看（表3.2），共有9个国家参与了核心论文的产出，其中中国参与了所有22篇核心论文；与美国合作最多，美国参与了6篇核心论文，占所有核心论文的27.3%。在核心论文的产出机构中，中国科学院参与了17篇核心论文，占所有核心论文的77.3%。其他核心论文Top机构分别是中国气象局、南京信息工程大学、北京大学、清华大学，以及和中国合作最多的瑞士保罗·谢尔研究所。

表3.2 “2013年1月中国中东部重度雾霾形成机制”研究前沿中22篇核心论文的Top产出国家和机构

排名	国家	核心论文/篇	比例/%	排名	机构	国家	核心论文/篇	比例/%
1	中国	22	100.0	1	中国科学院	中国	17	77.3
2	美国	6	27.3	2	中国气象局	中国	4	18.2
3	瑞士	3	13.6	3	南京信息工程大学	中国	3	13.6
4	日本	2	9.1	3	北京大学	中国	3	13.6
4	德国	2	9.1	3	清华大学	中国	3	13.6
6	意大利	1	4.5	3	保罗·谢尔研究所	瑞士	3	13.6
6	芬兰	1	4.5					
6	俄罗斯	1	4.5					
6	瑞典	1	4.5					

施引论文Top10国家（地区）中（表3.3），中国大陆共发表662篇施引论文，占总施引论文的86.1%；美国224篇，占29.1%；其他国家（地区）相对较少。施引论文Top10机构的9所机构都来自中国。保罗·谢尔研究所是唯一进入施引论文Top10的非中国机构。中国科学院贡献施引论文278篇，占总施引论文的

36.2%，排名第 1，远超其他机构。北京大学、清华大学和南京信息工程大学则排名第 2、第 3 和第 4，分别贡献 87 篇、81 篇和 80 篇施引论文。上述机构也是参与核心论文最多的机构。

表 3.3 “2013 年 1 月中国中东部重度雾霾形成机制”研究前沿中施引论文 Top 产出国家（地区）和机构

排名	国家（地区）	施引论文 / 篇	比例 /%	排名	机构	国家	施引论文 / 篇	比例 /%
1	中国大陆	662	86.1	1	中国科学院	中国	278	36.2
2	美国	224	29.1	2	北京大学	中国	87	11.3
3	瑞士	52	6.7	3	清华大学	中国	81	10.5
4	德国	43	5.6	4	南京信息工程大学	中国	80	10.4
5	英国	37	4.8	5	中国气象局	中国	66	8.6
6	日本	34	4.4	6	保罗·谢尔研究所	瑞士	47	6.1
7	中国台湾	24	3.1	7	北京师范大学	中国	37	4.8
8	法国	20	2.6	7	西安交通大学	中国	37	4.8
9	瑞典	17	2.2	9	中国环境科学研究院	中国	36	4.7
10	加拿大	16	2.1	10	南京大学	中国	32	4.2

3.1.3 重点热点前沿——环境 DNA 宏条形码技术监测生物多样性

环境 DNA（environmental DNA, eDNA）的概念早在 20 世纪 80 年代末就已经被提出，是指从环境（如土壤、沉积物、空气、水体等）采集容易获得又不会伤害到动物本身和破坏环境的样本，就能通过这些样本中含有的 DNA 信息，了解不同环境中生物的生存情况以及数量。环境 DNA 宏条形码技术是在 DNA 条形码技术的基础上研究出来的新兴方法。该方法从环境样品中直接提取 DNA，当结合第二代测序技术时可以实现对环境样品中所有存在物种的有效检测，环境 DNA 克服了传统物种鉴定方法耗时费力的缺点，以更高的效率和更低的成本极大地拓展了 DNA 条形码在生态学中的应用。

该前沿 42 篇核心论文中，30 篇聚焦在环境 DNA 宏条形码技术对水生生态系统的监测，提取水环境的 DNA 样本，对淡水和海洋中的生物多样性进行评价，监测稀有水生物种（濒危物种、入侵物种、难追踪物种等）。另外 12 篇包括环境 DNA 宏条形码技术对节肢动物和鸟类生物多样性快速评估和监测，以及动物食性分析等，此外还有对环境 DNA 宏条形码技术的软件、引物特异性和取样条件等方面的探索。

15 个国家（地区）参与了该前沿 42 篇核心论文的产出（表 3.4），其中美国贡献了 24 篇，占所有核心论文的 57.1%，排名第 1；法国和英国分别参与了 10 篇和9篇核心论文，分别排名第2和第3；丹麦以6篇核心论文排第4名；澳大利亚、加拿大和中国大陆均贡献了3篇核心论文，并列第5名。核心论文Top机构中，7所来自美国，2所来自法国，另外3所分别来自丹麦、中国大陆和英国。

表3.4 “环境DNA宏条形码技术监测生物多样性”研究前沿中42篇核心论文的Top产出国家（地区）和机构

排名	国家（地区）	核心论文/篇	比例/%	排名	机构	国家	核心论文/篇	比例/%
1	美国	24	57.1	1	美国地质勘探局	美国	7	16.7
2	法国	10	23.8	2	哥本哈根大学	丹麦	6	14.3
3	英国	9	21.4	2	格勒诺布尔－阿尔卑斯大学	法国	6	14.3
4	丹麦	6	14.3	2	爱达荷大学	美国	6	14.3
5	澳大利亚	3	7.1	2	圣母大学	美国	6	14.3
5	加拿大	3	7.1	6	中国科学院	中国	3	7.1
5	中国大陆	3	7.1	6	SPYGEN公司	法国	3	7.1
8	瑞士	2	4.8	6	东英吉利大学	英国	3	7.1
9	中国台湾	1	2.4	6	史密森学会	美国	3	7.1
9	埃及	1	2.4	6	美国农业部	美国	3	7.1
9	日本	1	2.4	6	麻省大学阿姆赫斯特分校	美国	3	7.1
9	马来西亚	1	2.4	6	蒙大拿大学	美国	3	7.1
9	荷兰	1	2.4					
9	挪威	1	2.4					
9	西班牙	1	2.4					

美国贡献了施引论文356篇，占总施引论文的36.9%，约是第2名英国的2.2倍；中国以81篇施引论文排名第6。施引论文Top10机构中，中国科学院以57篇施引论文位居榜首。格勒诺布尔－阿尔卑斯大学和美国地质勘探局则均产出41篇施引论文，并列第2名。法国国家科学研究中心仅以1篇之差，居第4位（表3.5）。

表3.5 “环境DNA宏条形码技术监测生物多样性”研究前沿中施引论文的Top产出国家和机构

排名	国家	施引论文/篇	比例/%	排名	机构	国家	施引论文/篇	比例/%
1	美国	356	36.9	1	中国科学院	中国	57	5.9
2	英国	161	16.7	2	格勒诺布尔－阿尔卑斯大学	法国	41	4.3

续表

排名	国家	施引论文/篇	比例/%	排名	机构	国家	施引论文/篇	比例/%
3	法国	124	12.9	2	美国地质勘探局	美国	41	4.3
4	加拿大	117	12.1	4	法国国家科学研究中心	法国	40	4.1
5	澳大利亚	114	11.8	5	圣母大学	美国	34	3.5
6	中国	81	8.4	6	圭尔夫大学	加拿大	33	3.4
7	德国	77	8.0	6	英国自然历史博物馆	英国	33	3.4
8	西班牙	73	7.6	8	哥本哈根大学	丹麦	27	2.8
9	日本	51	5.3	9	帝国理工学院	英国	23	2.4
9	瑞士	51	5.3	9	史密森学会	美国	23	2.4

第 4 章　地球科学

4.1　热点前沿及重点热点前沿解读

4.1.1　地球科学 Top 10 热点前沿发展态势

地球科学领域位居前 10 位的热点前沿仍然集中在气候变化、地球化学、固体地球物理学和地质学研究（表 4.1 和图 4.1）。气候变化研究热点包括“末次间冰期 CO_2 浓度升高对海洋环流的影响”“大气中的碳黑在气候系统中的作用”“大气气溶胶成核机理研究”“尘埃及生物气溶胶在大气冰核核化过程中的作用”；地球化学研究热点包括“热带地区森林碳储量和碳排放估算研究”“CMIP5 地球系统模式对陆地碳循环的模拟与评估”；固体地球物理学和地质学研究热点包括“利用好奇号任务开展盖尔陨石坑的岩石矿物学研究”“中国华北克拉通前寒武纪地质演化研究”“页岩气储层孔隙系统类型及表征”“流体注入诱发地震研究”。

表 4.1　地球科学 Top 10 热点前沿

排名	热点前沿	核心论文 / 篇	被引频次	核心论文平均出版年
1	利用好奇号任务开展盖尔陨石坑的岩石矿物学研究	24	1496	2013.9
2	末次间冰期 CO_2 浓度升高对海洋环流的影响	19	1316	2013.8
3	大气中的碳黑在气候系统中的作用	13	1672	2013.7
4	大气气溶胶成核机理研究	23	2548	2013.6
5	尘埃及生物气溶胶在大气冰核核化过程中的作用	18	1440	2013.6
6	中国华北克拉通前寒武纪地质演化研究	48	4054	2013.5
7	热带地区森林碳储量和碳排放估算研究	8	1140	2013.5

续表

排名	热点前沿	核心论文 / 篇	被引频次	核心论文平均出版年
8	页岩气储层孔隙系统类型及表征	40	2743	2013.4
9	CMIP5 地球系统模式对陆地碳循环的模拟与评估	18	1691	2013.3
10	流体注入诱发地震研究	16	1122	2013.3

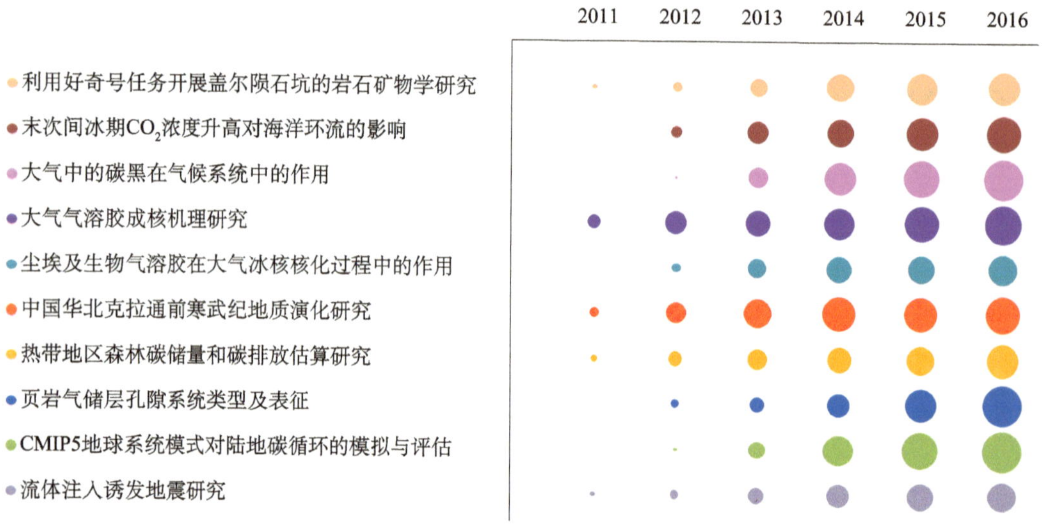

图 4.1 地球科学 Top10 热点前沿的施引论文

4.1.2 重点热点前沿——中国华北克拉通前寒武纪地质演化研究

克拉通是大陆岩石圈中古老而又稳定的部分，一旦形成，大多可以长期稳定存在，并可以通过一系列碰撞造山事件与年轻的地壳不断拼合，进而形成更大规模的大陆。克拉通能够保存大陆地壳早期的生长和改造历史，并与矿床形成、气候变化和生物演化等过程密切相关，因此具有重要的科学研究价值。

中国华北克拉通是世界上最著名的古老陆块，具有 38 亿年的漫长历史。与其他克拉通相比，它的多阶段构造演化史更为复杂，记录了几乎所有的地壳早期发展与中生代以来的重大构造事件。华北克拉通 90% 的陆壳是在早前寒武纪形成的，绝大多数形成于中－晚太古代，因此成为研究前寒武纪地壳演化和板块运动的重要窗口。了解前寒武纪时期华北克拉通的地质演化可为地球早期地壳形成机制以及板块构造从何时开始起主导作用等基础研究提供依据。近年来中国华北克拉通愈发受到国内外研究者的关注。

热点前沿“中国华北克拉通前寒武纪地质演化研究”的核心论文主要集中在揭示前寒武纪时期华北克拉通的地质构造与演化规律、成矿作用和拼合等方面。中国科学院地质与地球物理研究所翟明国院士等人发表的《华北克拉通前寒武纪地质学概述》（*The early Precambrian odyssey of North China Craton: A synoptic overview*）一文被引频次最高，达 519 次。该文对华北克拉通前寒武纪地质、地质年代学和构造等综合信息进行了论述，受到科学界的极大关注。

根据对核心论文的产出国家和机构的分析（表 4.2），中国在该前沿占有绝对优势地位，参与了全部 48 篇核心论文的产出工作，与 6 个国家进行了合作。其中，中国与排名第 2 的澳大利亚合作 11 篇核心论文，与排名第 3 的日本合作 10 篇核心论文，与美国合作 8 篇核心论文。核心论文 Top10（并列 12 所）机构中有 8 所中国机构、2 所美国机构、1 所日本机构和 1 所澳大利亚机构。中国地质大学（北京）表现尤其突出，在本前沿所有机构中位列第 1，贡献了 27 篇核心论文，占所有核心论文的 56.3%；其次是中国地质科学院；中国的香港大学和日本的高知大学并列第 3；中国科学院紧随其后。

表 4.2 “中国华北克拉通前寒武纪地质演化研究”研究前沿中 48 篇核心论文的 Top 产出国家和机构

排名	国家	核心论文 / 篇	比例 /%	排名	机构	国家	核心论文 / 篇	比例 /%
1	中国	48	100.0	1	中国地质大学（北京）	中国	27	56.3
2	澳大利亚	11	22.9	2	中国地质科学院	中国	12	25.0
3	日本	10	20.8	3	香港大学	中国	10	20.8
4	美国	8	16.7	3	高知大学	日本	10	20.8
5	英国	2	4.2	5	中国科学院	中国	9	18.8
6	俄罗斯	1	2.1	6	西北大学	中国	7	14.6
6	德国	1	2.1	7	中国海洋大学	中国	6	12.5
				8	西澳大利亚大学	澳大利亚	4	8.3
				8	北京大学	中国	4	8.3
				10	山东黄金集团有限公司	中国	3	6.3
				10	印第安纳大学伯明顿分校	美国	3	6.3
				10	美国地质勘探局	美国	3	6.3

从表 4.3 可以看出，中国的施引论文最多，达 1143 篇，占全部施引论文的 93.2%。澳大利亚的施引论文位列第 2，占 15.1%。施引论文 Top10 机构中有 8 所中国机构、1 所日本机构和 1 所澳大利亚机构。中国地质大学（北京）、中国科学院、中国地质科学院、中国地质大学（武汉）和北京大学是施引论文数最多的 5 所机构。

表 4.3 “中国华北克拉通前寒武纪地质演化研究”研究前沿中施引论文的 Top 产出国家和机构

排名	国家	施引论文 / 篇	比例 /%	排名	机构	国家	施引论文 / 篇	比例 /%
1	中国	1143	93.2	1	中国地质大学（北京）	中国	431	35.1

续表

排名	国家	施引论文/篇	比例/%	排名	机构	国家	施引论文/篇	比例/%
2	澳大利亚	185	15.1	2	中国科学院	中国	380	31.0
3	日本	115	9.4	3	中国地质科学院	中国	289	23.6
4	美国	70	5.7	4	中国地质大学（武汉）	中国	130	10.6
5	印度	53	4.3	5	北京大学	中国	113	9.2
6	加拿大	42	3.4	6	高知大学	日本	97	7.9
7	英国	35	2.9	7	西北大学	中国	90	7.3
8	德国	29	2.4	8	香港大学	中国	73	5.9
9	南非	20	1.6	9	中国地质调查局	中国	60	4.9
10	韩国	16	1.3	10	阿德莱德大学	澳大利亚	51	4.2

4.1.3 重点热点前沿——页岩气储层孔隙系统类型及表征

页岩气是以游离、吸附和溶解状态赋存于富有机质泥页岩中的天然气，与常规天然气藏相比，具有含气面积大、生产周期长、产量稳定的特点，资源潜力巨大。21世纪初，美国和加拿大两国率先实现了页岩气的商业性开发并取得巨大成功，引起世界各国政府和能源公司的高度重视，在世界范围内掀起了页岩气研究和勘探的高潮。相关工作主要集中在基础地质研究、水平井和水力压裂技术攻关以及相关新型技术研发等领域。

在页岩气地球物理特征研究方面，由于页岩气主要储集在页岩孔隙空间之中，因此页岩的孔隙特征是决定页岩储层含气性的关键因素。目前，页岩储层孔隙可分为5种基本类型，即粒间孔、矿物质孔、有机质孔、化石孔和微孔道。开展页岩气储层孔隙类型相关研究和表征，对页岩气储层的勘察和开发，具有非常重要的指导意义和应用价值。

该热点前沿的40篇核心论文集中在美国伍德福德（Woodford）、巴奈特（Barnett）等主要页岩气开发基地以及中国四川盆地天然气页岩的孔隙系统及其结构表征，探究了不同孔隙结构对甲烷吸附能力的影响。

从核心论文的产出国家看，10个国家参与了相关研究。其中，中国和美国在该前沿并驾齐驱，分别贡献了18篇和17篇核心论文。澳大利亚和德国的核心论文分别为10篇和7篇。从核心论文的产出机构看，澳大利亚的联邦科学与工业研究组织、德国的亚琛工业大学和美国的得克萨斯大学奥斯汀分校分别贡献了6篇核心论文。中国科学院参与了5篇核心论文的工作，在本领域所有研究机构中位列第4。美国的得克萨斯大学奥斯汀分校的R.G. Loucks等人发表的*Spectrum of pore types and networks in mudrocks and a descriptive classification for matrix-related mudrock pores*一文被引频次最高，达242次（表4.4）。

表 4.4 “页岩气储层孔隙系统类型及表征”研究前沿中 40 篇核心论文的 Top 产出国家和机构

排名	国家	核心论文 / 篇	比例 /%	排名	机构	国家	核心论文 / 篇	比例 /%
1	中国	18	45.0	1	联邦科学与工业研究组织	澳大利亚	6	15.0
2	美国	17	42.5	1	亚琛工业大学	德国	6	15.0
3	澳大利亚	10	25.0	1	得克萨斯大学奥斯汀分校	美国	6	15.0
4	德国	7	17.5	4	中国科学院	中国	5	12.5
5	加拿大	3	7.5	5	中国石油大学（北京）	中国	4	10.0
6	英国	2	5.0	5	印第安纳大学伯明顿分校	美国	4	10.0
6	挪威	2	5.0	7	橡树岭国家实验室	美国	3	7.5
8	波兰	1	2.5	7	亥姆霍兹重离子研究中心	德国	3	7.5
8	奥地利	1	2.5	7	康菲石油公司	美国	3	7.5
8	法国	1	2.5	7	中国矿业大学	中国	3	7.5
				7	中国地质大学（北京）	中国	3	7.5

从不同国家和机构对该研究前沿的跟进情况看（表 4.5），中国贡献了 488 篇施引论文，超过总数的一半，美国的施引论文有 281 篇，占总施引论文的 31.6%。中美两国的施引论文数远超其他国家。德国、澳大利亚和加拿大分别列第 3 位、第 4 位和第 5 位。

中国石油大学（北京）、中国地质大学（北京）和中国科学院是发表施引论文数最多的 3 所机构。

表 4.5 “页岩气储层孔隙系统类型及表征”研究前沿中施引论文的 Top 产出国家和机构

排名	国家	施引论文 / 篇	比例 /%	排名	机构	国家	施引论文 / 篇	比例 /%
1	中国	488	54.9	1	中国石油大学（北京）	中国	95	10.7
2	美国	281	31.6	2	中国地质大学（北京）	中国	74	8.3
3	德国	78	8.8	3	中国科学院	中国	70	7.9
4	澳大利亚	77	8.7	4	得克萨斯大学奥斯汀分校	美国	61	6.9
5	加拿大	61	6.9	5	中国矿业大学	中国	57	6.4
6	法国	43	4.8	5	中国石油天然气集团有限公司	中国	57	6.4
7	英国	39	4.4	7	亚琛工业大学	德国	42	4.7
8	印度	16	1.8	8	联邦科学与工业研究组织	澳大利亚	41	4.6
9	荷兰	16	1.8	9	卡尔加里大学	加拿大	33	3.7
10	波兰	12	1.3	9	西南石油大学	中国	33	3.7

4.2 新兴前沿及重点新兴前沿解读

4.2.1 新兴前沿概述

地球科学领域 2017 年只有“强亲铁和亲铜元素在高温条件下的地球化学行为”入选新兴前沿（表 4.6）。

表 4.6 地球科学的 1 个新兴前沿

序号	新兴前沿	核心论文 / 篇	被引频次	核心论文平均出版年
1	强亲铁和亲铜元素在高温条件下的地球化学行为	10	157	2015.8

4.2.2 重点新兴前沿——强亲铁和亲铜元素在高温条件下的地球化学行为

铂族元素（锇、铱、钌、铑、铂、钯）和铼等元素同时具备了高度的亲铁性（siderophile）和亲铜性（chalcophile），因此相对于地核，其丰度在地壳和地幔中相对较低。在壳 – 幔分异过程中，由于铼是中等程度的不相容元素，因此铼富集在地壳中；而铂族元素则表现出相容性，富集于地幔。

铂族元素性质相近但熔点上有所差异，致使其在演化过程中产生分异，因此铂族元素是了解部分熔融、核 – 幔和壳 – 幔相互作用、硫化物分异、结晶分异、岩浆演化及成矿作用有效的示踪剂，可为地幔源区的演化和岩石学特征提供重要信息。

铼 – 锇（Re-Os）同位素体系（187Re 通过 β- 衰变成 187Os）独特的地球化学特征使其成为对地幔熔体亏损事件等进行定年以及示踪壳幔相互作用的重要工具。随着铼 – 锇同位素测试方法的不断改进与完善，近年来铼 – 锇同位素体系在天体地球化学、地幔地球化学、地质年代学、金属矿床、沉积物、水体等各方面的定年与示踪应用发展迅速。铂 – 锇（Pt-Os）同位素体系（190Pt 经 α- 衰变成 186Os）则常被应用于地核成因、核幔相互作用、地幔演化和硫化物矿床定年等方面的研究。

2017 年地球科学领域新兴前沿“强亲铁和亲铜元素在高温条件下的地球化学行为”中的核心论文聚焦在通过分析地球、火星、月球以及小行星中铂族元素的分布，研究行星的演化过程，以及通过铼 – 锇和铂 – 锇同位素体系，研究强亲铁和亲铜元素在岩石圈地幔、火山岩、地幔岩之间的分布和地球化学行为。该前沿有 10 篇核心论文，参与的国家包括德国、英国、加拿大、法国和美国。

第 5 章　临床医学

5.1 热点前沿及重点热点前沿解读

5.1.1 临床医学 Top 10 热点前沿发展态势

临床医学领域位居前 10 位的热点前沿主要集中于心血管疾病诊疗、泌尿生殖系肿瘤诊疗新方法、传染病防控及全外显子基因测序研究（表 5.1 和图 5.1）。其中，心血管疾病诊疗方面的热点前沿包括生物可吸收药物洗脱支架植入治疗冠心病、冠心病支架术后抗栓治疗最佳疗程、TMAO 与心血管系统患病风险、房颤患者新型口服抗凝药用药安全性及远端缺血预处理改善心脏手术短期预后；泌尿生殖系肿瘤诊疗新方法研究关注前列腺癌核素标记 PSMA 分子显像、肌层浸润性膀胱肿瘤辅助化疗有效性；传染病防控研究包括疟疾对青蒿素抗药机制、戊肝流行与防治 2 个热点前沿。

表 5.1　临床医学 Top 10 热点前沿

排名	热点前沿	核心论文 / 篇	被引频次	核心论文平均出版年
1	放射性核素标记 PSMA PET 显像在前列腺癌诊疗中的作用	36	1340	2015.2
2	肠道菌群代谢物 TMAO 增加心血管疾病风险	17	2333	2014.6
3	生物可吸收药物洗脱支架对冠状动脉病变治疗影响	30	1582	2014.6
4	全外显子组测序在遗传疾病临床诊断中的应用	16	1838	2014.4
5	青蒿素抗药性疟疾发生、传播及抗药机制	24	2570	2014.3
6	药物洗脱支架植入术后双联抗血小板治疗最佳持续时间	17	1867	2014.3
7	戊型肝炎（病毒）流行、感染与治疗	24	1747	2014.2
8	非瓣膜性心房颤动患者新型口服抗凝药治疗有效性和安全性	21	1396	2014.2

续表

排名	热点前沿	核心论文 / 篇	被引频次	核心论文平均出版年
9	远端缺血预处理对心外科手术损伤的保护作用	29	2210	2014.1
10	肌层浸润性膀胱肿瘤新辅助化疗	15	1375	2014.1

图 5.1 临床医学 Top10 热点前沿的施引论文

5.1.2 重点热点前沿——放射性核素标记 PSMA PET 显像在前列腺癌诊疗中的作用

前列腺癌是美国男性发病率最高的非皮肤恶性肿瘤，近年来中国前列腺癌发病率也呈持续升高趋势，且中晚期患者所占比例远高于欧美国家。传统方法如检测血清 PSA，做 CT、MRI 检查，以及基于胆碱或氟脱氧葡萄糖示踪剂的 PET-CT/MRI 检查，在前列腺癌的诊断、分期及再评估中敏感性较低，并不能检测出所有病变。

广泛分布于前列腺癌细胞表面的前列腺特异性膜抗原（prostate-specific membrane antigen，PSMA）因其特异性和可靠性高，在前列腺癌特异性分子诊断与治疗中发挥着重要作用。由于 PSMA 单抗体内半衰期长，会增加正常组织的本底，目前多使用 PSMA 抑制剂谷氨酸-脲及其类似物或抗体结合放射性核素标记以提高效果。

“放射性核素标记 PSMA PET 显像在前列腺癌诊疗中的作用”热点前沿包括 36 篇核心论文，主要涉及放射性示踪剂 Ga-68、F-18、Lu-177、C-11、I-124/131 等标记的 PSMA PET/CT 在前列腺癌诊断、复发监测与放疗中的应用。其中，有 16 篇核心论文涉及 Ga-68-PSMA 应用于前列腺癌复发及诊疗，这些研究发现即使在 PSA 水平较低时也能够有效发现病灶，总体表现出较高的敏感性及特异性。鉴于 Ga-68-PSMA PET/CT 的广泛应用，2017

年3月，欧洲核医学协会（EANM）和美国核医学与分子影像学会（SNMMI）共同发布指南，对前列腺癌 Ga-68-PSMA PET/CT 检查提出相关建议。

该热点前沿核心论文 Top 产出国家和机构中（表 5.2），德国参与贡献近 70% 的核心论文，6 所德国科研机构进入 Top10 产出机构，领先优势明显。美国也处于相对领先地位，参与约 30% 的核心论文发表，3 所机构进入 Top10 产出机构名单。

表 5.2 “放射性核素标记 PSMA PET 显像在前列腺癌诊疗中的作用”研究前沿中 36 篇核心论文的 Top 产出国家和机构

排名	国家	核心论文 / 篇	比例 /%	排名	机构	国家	核心论文 / 篇	比例 /%
1	德国	25	69.4	1	海德堡大学	德国	11	30.6
2	美国	11	30.6	2	亥姆霍兹重离子研究中心	德国	10	27.8
3	意大利	5	13.9	3	慕尼黑工业大学	德国	7	19.4
4	荷兰	3	8.3	4	约翰·霍普金斯大学	美国	5	13.9
5	澳大利亚	2	5.6	5	维尔茨堡大学	德国	4	11.1
6	奥地利	1	2.8	5	博洛尼亚大学	意大利	4	11.1
6	比利时	1	2.8	7	德国癌症研究中心	德国	3	8.3
6	瑞士	1	2.8	7	慕尼黑大学	德国	3	8.3
6	土耳其	1	2.8	7	康奈尔大学	美国	3	8.3
				7	加利福尼亚大学洛杉矶分校	美国	3	8.3

施引论文方面（表 5.3），表现出与核心论文相似的现象，德国和美国遥遥领先于其他国家，分别贡献了约 40% 和 31% 的施引论文。Top10 产出机构也几乎被这两个国家包揽，其中 4 所机构来自德国，5 所机构来自美国，另外 1 所机构来自意大利。

表 5.3 “放射性核素标记 PSMA PET 显像在前列腺癌诊疗中的作用”研究前沿中施引论文 Top 产出国家和机构

排名	国家	施引论文 / 篇	比例 /%	排名	机构	国家	施引论文 / 篇	比例 /%
1	德国	209	39.8	1	慕尼黑工业大学	德国	52	9.9
2	美国	163	31.0	2	海德堡大学	德国	46	8.8
3	意大利	50	9.5	3	亥姆霍兹重离子研究中心	德国	43	8.2
4	荷兰	36	6.9	4	约翰·霍普金斯大学	美国	37	7.0
5	澳大利亚	28	5.3	5	纪念斯隆－凯特琳癌症中心	美国	18	3.4
5	英国	28	5.3	6	博洛尼亚大学	意大利	17	3.2

续表

排名	国家	施引论文 / 篇	比例 /%	排名	机构	国家	施引论文 / 篇	比例 /%
7	瑞士	22	4.2	6	加利福尼亚大学洛杉矶分校	美国	17	3.2
8	法国	21	4.0	8	康奈尔大学	美国	16	3.0
9	比利时	19	3.6	8	美国国立卫生研究院	美国	16	3.0
10	中国	16	3.0	10	乌尔姆大学	德国	14	2.7

5.1.3 重点热点前沿——全外显子组测序在遗传疾病临床诊断中的应用

外显子组是个体基因组 DNA 上所有蛋白质编码序列（即外显子）的总和，占人类基因组序列的 1%，但涵盖了约 85% 的遗传疾病致病突变。全外显子组测序（whole exome sequencing,WES）是利用序列捕获技术将全基因组外显子区域 DNA 捕捉并富集后进行高通量测序的基因组分析方法。由于相比于全基因组测序，全外显子组测序更加经济、高效，越来越多的研究者及商业应用将目光转向全外显子组测序。

2009 年，全外显子组测序开始应用于临床基因诊断，2010 年入选 *Science* 年度十大科技突破。“全外显子组测序在遗传疾病临床诊断中的应用”热点前沿的 16 篇核心论文记录了 2013 年以来全外显子组测序致病突变检出率提高的过程，这些研究证实了全外显子组测序的临床诊断率可达 25%～45%，甚至优于传统分子诊断技术。这些研究为全外显子组测序应用到各种孟德尔遗传病（单基因病）致病基因检测、自闭症等复杂疾病基因研究和临床疾病基因诊断提供了强有力的证据。精准医疗无疑是医疗技术的未来发展方向，随着新一代测序技术的飞速发展，可以预见全外显子组测序在致病基因检测和疾病基因诊断方面会有更为广阔的应用前景。

该热点前沿的 16 篇核心论文由美国、加拿大、瑞典和英国 4 国包揽。其中，美国对该前沿核心论文贡献率达 81.3%，Top10 产出机构中来自美国的机构超过 70%，美国占据该研究绝对领先优势。贝勒医学院以 6 篇核心论文（占总核心论文的 37.5%）表现出在该前沿的领先优势（表 5.4）。

表 5.4 “全外显子组测序在遗传疾病临床诊断中的应用”研究前沿中 16 篇核心论文的 Top 产出国家和机构

排名	国家	核心论文 / 篇	比例 /%	排名	机构	国家	核心论文 / 篇	比例 /%
1	美国	13	81.3	1	贝勒医学院	美国	6	37.5
2	加拿大	3	18.8	2	得克萨斯大学休斯敦健康科学中心	美国	3	18.8

续表

排名	国家	核心论文 / 篇	比例 /%	排名	机构	国家	核心论文 / 篇	比例 /%
3	瑞典	1	6.3	3	麦吉尔大学	加拿大	2	12.5
3	英国	1	6.3	3	麦克马斯特大学	加拿大	2	12.5
				3	纽芬兰纪念大学	加拿大	2	12.5
				3	阿尔伯塔大学	加拿大	2	12.5
				3	多伦多大学	加拿大	2	12.5
				3	杜克大学	美国	2	12.5
				3	哈佛大学	美国	2	12.5
				3	霍华德·休斯医学研究所	美国	2	12.5
				3	约翰·霍普金斯大学	美国	2	12.5
				3	美国国立卫生研究院	美国	2	12.5
				3	加利福尼亚大学洛杉矶分校	美国	2	12.5
				3	芝加哥大学	美国	2	12.5
				3	明尼苏达大学双城分校	美国	2	12.5
				3	北卡罗来纳大学教堂山分校	美国	2	12.5
				3	范德堡大学	美国	2	12.5

施引论文的Top产出国家中（表5.5），美国贡献了总施引论文的65.4%，稳居世界第1。Top10机构中有9所来自美国，也充分体现了美国在该领域的绝对优势和良好的跟进态势。贝勒医学院以占比10.1%的施引论文，成为该前沿研究中表现最为突出的机构。

表 5.5 “全外显子组测序在遗传疾病临床诊断中的应用”研究前沿中施引论文的 Top 产出国家和机构

排名	国家	施引论文 / 篇	比例 /%	排名	机构	国家	施引论文 / 篇	比例 /%
1	美国	816	65.4	1	贝勒医学院	美国	126	10.1
2	加拿大	152	12.2	2	哈佛大学	美国	121	9.7
3	英国	146	11.7	3	霍华德·休斯医学研究所	美国	99	7.9
4	德国	97	7.8	4	美国国立卫生研究院	美国	81	6.5
5	荷兰	94	7.5	5	宾夕法尼亚大学	美国	62	5.0
6	澳大利亚	83	6.7	6	哥伦比亚大学	美国	56	4.5

续表

排名	国家	施引论文 / 篇	比例 /%	排名	机构	国家	施引论文 / 篇	比例 /%
7	法国	56	4.5	7	北卡罗来纳大学教堂山分校	美国	55	4.4
8	意大利	54	4.3	8	多伦多大学	加拿大	53	4.3
9	比利时	46	3.7	9	斯坦福大学	美国	51	4.1
9	中国	46	3.7	10	约翰·霍普金斯大学	美国	46	3.7

5.2 新兴前沿及重点新兴前沿解读

5.2.1 新兴前沿概述

临床医学领域 2017 年入选的 9 个新兴前沿主要集中在肿瘤诊疗、传染病防控、心血管疾病治疗、常用药使用风险及药物设计几方面（表 5.6）。肿瘤诊疗新兴前沿涉及肿瘤免疫治疗明星产品 PD-1 单抗不良反应、CD19CAR-T 细胞治疗 B 细胞恶性肿瘤临床试验、二代 BTK 激酶抑制剂用于 CLL 治疗及扩大适应人群、21 基因检测指导早期乳腺癌治疗、MET 14 外显子跳跃突变成肺癌治疗新靶点 5 个研究前沿。此外，寨卡病毒（Zika Virus）感染与防控、抗溃疡病药 PPTs 多种不良反应、颈动脉狭窄两种外科治疗方法（支架与内膜切除）长期有效性比较、表观遗传学药物 BRDs 抑制剂药物设计研究也跻身 2017 年新兴前沿。

表 5.6　临床医学的 9 个新兴前沿

序号	新兴前沿	核心论文 / 篇	被引频次	核心论文平均出版年
1	寨卡病毒感染与防控	6	372	2016
2	抗 PD-1 药肿瘤免疫治疗产生免疫相关不良反应（irAEs）	8	113	2016
3	CD19 CAR-T 细胞治疗 B 细胞恶性肿瘤临床试验	7	110	2015.9
4	支架植入与内膜剥脱术治疗颈动脉狭窄长期疗效比较	5	128	2015.8
5	Bruton 酪氨酸激酶抑制剂治疗慢性淋巴细胞性白血病新突破：二代新药及用于初治老年患者	7	202	2015.7
6	质子泵抑制剂用药风险	3	109	2015.7
7	21 基因检测复发风险评分指导早期乳腺癌化疗决策	3	104	2015.7
8	MET 14 外显子跳跃突变成非小细胞肺癌治疗新靶点	5	146	2015.6
9	含溴结构域（BRDs）蛋白小分子抑制剂药物发现与设计	12	289	2015.6

5.2.2 重点新兴前沿——寨卡病毒感染与防控

寨卡病毒是一种经伊蚊传播的单股正链 RNA 病毒，属于黄病毒科、黄病毒属。2015 年 5 月，寨卡病毒首次在美洲地区暴发流行。疫情至今仍在不断蔓延，对全球公共卫生构成威胁，如何防控寨卡病毒感染成为一项重要而紧迫的公共卫生课题。

“寨卡病毒感染与防控”重点新兴前沿共有 6 篇核心论文，其中 2 篇论文证明了孕期寨卡病毒感染和新生儿小头畸形、胎儿死亡之间存在关联。2015 年 12 月，美国疾病控制与预防中心（CDC）利用 RT-PCR 或免疫组化方法，从巴西两个先天小头畸形死亡病例和两个流产胎儿的脑、胎盘组织中检测到了寨卡病毒核酸和抗原。2016 年 2 月耶鲁大学 Albert I. Ko 等报告了一例来自巴西萨尔瓦多的 20 岁孕妇，其胎儿水肿合并小脑畸形、积水性无脑，在胎儿死亡后从胎儿脑组织和羊水中检测到了寨卡病毒 RNA。其他 4 篇核心论文是关于疫情报告、预防指南和孕妇旅行预警的。据美国疾病控制与预防中心报告，截至 2016 年 2 月 9 日，已经有 26 个美洲国家或地区报告了寨卡病毒本地病例，其中巴西疫情最为严重。据巴西卫生部门推测，截至 2015 年年底该国已经发现疑似病例 44 万～130 万，同时寨卡病毒感染暴发流行期间，新报告的先天小头畸形病例数明显增加，还有患者在疑似寨卡病毒感染后发生格林－巴利综合征。鉴于孕期感染寨卡病毒可能导致新生儿小头畸形或其他不良妊娠反应，2016 年 1 月 15 日美国疾病控制与预防中心特别发布针对孕妇的旅游预警，建议孕妇推迟前往寨卡病毒流行区域。紧接着，1 月 19 日美国疾病控制与预防中心发布寨卡病毒暴露风险的孕妇诊疗临时指南，2016 年 7 月又对其更新，对那些住在或去过寨卡病毒流行区域的孕妇或者和住在或去过疫区的伴侣有过未防护性接触的孕妇，根据其有无症状体征、暴露后时间、是否住在疫区等因素，综合确定临床监测管理方案。

第6章 生物科学

6.1 热点前沿及重点热点前沿解读

6.1.1 生物科学 Top 10 热点前沿发展态势

生物科学领域位居前 10 位的热点前沿主要集中于 RNA 相关研究和技术与方法的突破与应用（表 6.1 和图 6.1），前者主要包括环状 RNA、mRNA 和 lncRNA 等的相关研究，技术与方法的突破与应用包括蛋白质复合体结构解析、3D 生物打印方法和脑结构的光学成像技术等。从研究内容上看，生物科学领域仍聚焦于医学与人类健康研究。相比其他领域，生物科学领域的热点前沿核心论文平均出版年最年轻，均是 2014 年以来。根据核心论文数和被引频次等指标，生物科学共遴选出两个重点热点前沿："冷冻电镜技术在生物大分子三维结构解析中的应用"和"基于高通量的染色质构象捕获及其衍生技术应用"。

表 6.1 生物科学 Top 10 热点前沿

排名	热点前沿	核心论文 / 篇	被引频次	核心论文平均出版年
1	环状 RNAs 的起源、鉴定与功能研究	24	2424	2014.6
2	获得性性状跨代遗传机理研究	14	1361	2014.3
3	冷冻电镜技术在生物大分子三维结构解析中的应用	38	3834	2014.2
4	mRNA 甲基化修饰的调控机制与功能研究	37	3864	2014.1
5	基于高通量的染色质构象捕获及其衍生技术应用	14	3125	2014.1
6	组织和器官的 3D 生物打印方法与应用	28	2630	2014.1
7	骨髓造血干细胞微环境的鉴定	14	2179	2014.1
8	透明脑结构光学成像技术与方法	15	1717	2014.1

续表

排名	热点前沿	核心论文 / 篇	被引频次	核心论文平均出版年
9	长链非编码 RNA（lncRNA）的表达及其生物学功能	13	1604	2014.1
10	微生物“暗物质”的探索及其基因组信息分析	14	1543	2014.1

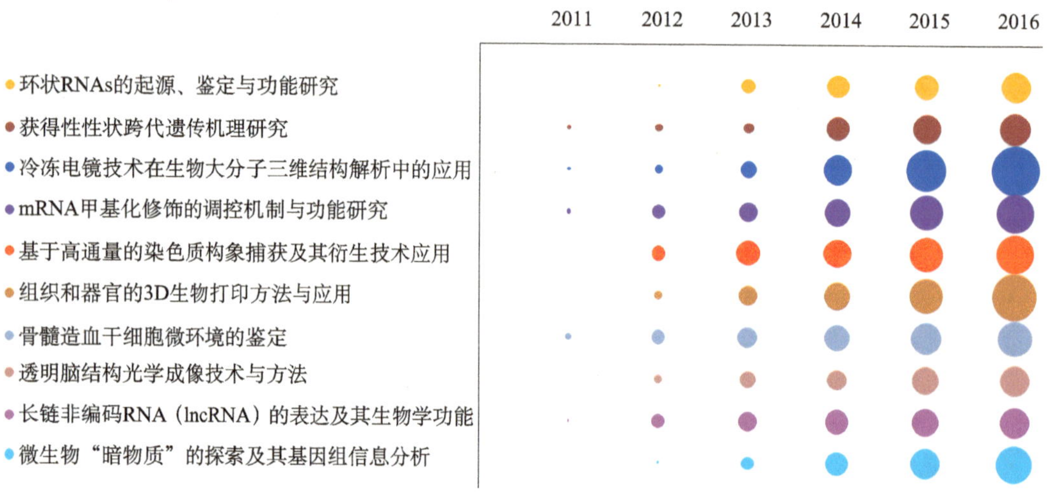

图 6.1 生物科学 Top10 热点前沿的施引论文

6.1.2 重点热点前沿——冷冻电镜技术在生物大分子三维结构解析中的应用

虽然冷冻电镜技术（cryo-electron microscopy，Cryo-EM）和 X 射线晶体学、核磁共振被称作结构生物学研究的三大利器，但冷冻电镜技术一直是三者当中最弱的一种技术手段。冷冻电镜技术是在 20 世纪 70 年代提出的，但直到 21 世纪初，冷冻电镜的分辨率水平依然没有得到突破，这限制了冷冻电镜在生物大分子结构解析领域的应用。

最近几年，冷冻电镜技术有了革命性的进步，空间分辨率突破原子级别，可以应用于很多以前不能解决的生物大分子的结构研究，有越来越多的冷冻电镜技术具有里程碑意义的方法学突破和重要生物大分子结构解析成果发表在高水平的期刊上。该热点前沿的 38 篇核心论文记录了这些具有里程碑意义的成果。

冷冻电镜技术之所以取得了革命性的进步，其中最主要的原因之一是直接电子探测器（direct electron-detector device，DDD）的发展。2013 年 10 月加利福尼亚大学旧金山分校程亦凡和 David Julius 的研究组，成功利用新一代 DDD 相机（Gatan K2 camera）拍摄了近九万张单颗粒图像，通过解析得到了瞬时受体电位（TRP）通道蛋白（TRPV1）四聚体的 3.4

Å（1 Å 是 1nm 的 1/10）近原子级别高分辨率三维结构，两篇论文发表在 *Nature* 期刊上，是该热点前沿的 Top5 高被引论文，被引频次分别达到 384 次和 229 次。蛋白质 TRPV1 结构的确定标志着冷冻电镜技术正式跨入“原子分辨率”时代。在此之后，冷冻电镜技术取得了令人难以置信的飞速发展和广泛应用。许多难以利用传统的 X 射线晶体学方法获得的重要生物大分子及复合物的结构得以解析。

2014 年，英国医学研究理事会（MRC）分子生物学实验室的 Sjors Scheres 等通过改进电子显微镜技术，成功获得了酵母菌的线粒体核糖体大亚基的图像，分辨率达到 3.2 Å。2015 年，清华大学生命科学学院施一公教授研究团队在该前沿中贡献了两篇核心论文，首次在世界上揭示了分辨率高达 3.4 Å 的人体 γ- 分泌酶的电镜结构，为理解 γ- 分泌酶的工作机制及阿尔茨海默病的发病机理提供了重要基础。随后的研究分辨率逐步提高到 2.8Å、2.6Å 和 2.2Å。2016 年，美国国家癌症研究所的 Sriram Subramaniam 等科学家发布的谷氨酸脱氢酶结构的分辨率甚至已经达到了 1.8 Å。

冷冻电镜技术之所以取得了革命性的进步，除了图像处理硬件的突破，还得益于图像处理软件的发展。2012 年 Sjors Scheres 开发的 RELION 算法能更有效地处理低信噪比的图像，成为单颗粒结构解析的利器，核心论文 *RELION: Implementation of a Bayesian approach to cryo-EM structure determination* 成为该热点前沿被引频次最高的论文，被引频次达到 414 次。

对生物大分子结构的解析，不仅具有深远的基础意义，而且具有广阔的应用前景。通过对核酸、蛋白质及其复合物的结构解析，人们对它们功能的理解更加透彻，就可以根据它们发挥功能的结构基础有针对性地进行药物设计、基因改造、疫苗研制开发，甚至进行人工构建蛋白质等工作，从而对制药、医疗、疾病防治、生物化工等诸多方面产生巨大的推动作用。

该热点前沿的 38 篇核心论文共来自 9 个国家，其中英国和美国均为 16 篇，遥遥领先于其他国家。中国排在第 3 位，核心论文为 5 篇，约占核心论文总数的 13.2%。从核心论文的机构分布看，英国医学研究理事会分子生物学实验室表现突出，以 15 篇核心论文占据首位，占比约 39.5%；其次是美国的加利福尼亚大学旧金山分校，有 8 篇核心论文，占比约 21.1%。中国的 5 篇核心论文中，有 4 篇来自清华大学，其与霍华德·休斯医学研究所排名并列第 3（表 6.2）。

表 6.2 “冷冻电镜技术在生物大分子三维结构解析中的应用”研究前沿中 38 篇核心论文的 Top 产出国家和机构

排名	国家	核心论文 / 篇	比例 /%	排名	机构	国家	核心论文 / 篇	比例 /%
1	英国	16	42.1	1	英国医学研究理事会分子生物学实验室	英国	15	39.5

续表

排名	国家	核心论文 / 篇	比例 /%	排名	机构	国家	核心论文 / 篇	比例 /%
1	美国	16	42.1	2	加利福尼亚大学旧金山分校	美国	8	21.1
3	中国	5	13.2	3	清华大学	中国	4	10.5
4	德国	3	7.9	3	霍华德・休斯医学研究所	美国	4	10.5
4	瑞士	3	7.9	5	苏黎世联邦理工学院	瑞士	3	7.9
6	荷兰	1	2.6	5	苏黎世大学	瑞士	3	7.9
6	俄罗斯	1	2.6	5	美国国立卫生研究院	美国	3	7.9
6	澳大利亚	1	2.6	8	马普学会	德国	2	5.3
6	奥地利	1	2.6	8	哈佛大学	美国	2	5.3

从施引论文的分布来看（表 6.3），美国是最活跃的国家，参与的施引论文有 867 篇，占总施引论文数的 47.5%。其次是英国，参与的施引论文有 315 篇，占比 17.3%。德国参与的施引论文有 287 篇，占比 15.7%，排在第 3 位。中国以 189 篇施引论文排在第 4 位，占总施引论文数的 10.4%。施引论文总量排名前 10 的机构全部来自上述 4 个国家，其中英国医学研究理事会分子生物学实验室和美国的霍华德・休斯医学研究所分别贡献了 114 篇和 112 篇施引论文，几乎是随后几个机构的 2 倍。中国入选 Top10 的两所机构清华大学和中国科学院贡献的施引论文数与马普学会相当。

表 6.3 "冷冻电镜技术在生物大分子三维结构解析中的应用"研究前沿中施引论文 Top 产出国家和机构

排名	国家	施引论文 / 篇	比例 /%	排名	机构	国家	施引论文 / 篇	比例 /%
1	美国	867	47.5	1	英国医学研究理事会分子生物学实验室	英国	114	6.3
2	英国	315	17.3	2	霍华德・休斯医学研究所	美国	112	6.1
3	德国	287	15.7	3	加利福尼亚大学旧金山分校	美国	62	3.4
4	中国	189	10.4	4	清华大学	中国	58	3.2
5	法国	128	7.0	4	马普学会	德国	58	3.2
6	加拿大	89	4.9	6	中国科学院	中国	56	3.1
7	日本	86	4.7	7	牛津大学	英国	53	2.9
8	瑞士	85	4.7	8	哈佛大学	美国	52	2.9
9	西班牙	72	3.9	8	加利福尼亚大学伯克利分校	美国	52	2.9
10	荷兰	68	3.7	10	美国国立卫生研究院	美国	48	2.6

6.1.3 重点热点前沿——基于高通量的染色质构象捕获及其衍生技术应用

近几年来，随着高通量测序技术的发展，科学家开发出了一系列在分子水平研究细胞核中染色质高级结构的新技术，推动了染色质高级结构研究的快速发展。其中，染色质构象捕获（3C）技术及其衍生技术成为当前应用广泛的技术，并推动了染色质的三维空间结构重建和染色质的调控功能研究成为研究热点。该热点前沿与2016年重点新兴前沿“染色质环接原理及染色体域结构进化”密切相关，具有一定的演进性。

基于高通量进行染色质构象捕获的3C衍生技术，主要有Hi-C和ChIP-PET两种技术，二者从全基因组的角度诠释了蛋白质因子与染色质相互作用的关系以及细胞核内互作染色质的空间构象。“基于高通量的染色质构象捕获及其衍生技术应用”热点前沿共有14篇核心论文，其中有12篇论文与Hi-C技术直接相关。该研究前沿的研究内容主要是染色质折叠和区域形成的基本机制及其与染色质功能之间的关系研究。

拓扑关联结构域（TAD）和染色质环是研究染色质构象时两种不同的现象。2012年，四个独立的研究小组利用Hi-C技术分析不同物种染色质构象信息时均发现了一种高度自我相互作用的基因组单元，并称之为拓扑关联结构域。其中，来自路德维格癌症研究所的研究人员研究了细胞核染色体中DNA的三维折叠结构，发现拓扑结构域是最基本的折叠单元，*Topological domains in mammalian genomes identified by analysis of chromation interactions* 一文在14篇核心论文中被引频次最高，达934次。而来自马萨诸塞大学医学院和魏茨曼科学研究所的研究者分别在小鼠X染色体和果蝇基因组中发现了类似的拓扑结构域，验证了上述研究。此外，染色质成环位置和成环机制以及CTCF蛋白对基因组结构的影响也是该研究前沿的重要内容，为进一步认识三维基因组的结构和功能以及疾病发生发展奠定了重要基础。

9个国家参与了该热点前沿的14篇核心论文。其中美国贡献了13篇核心论文，占该热点前沿核心论文总数的92.9%，遥遥领先于其他国家。法国和中国分别以4篇和3篇核心论文位列第2和第3名。从核心论文的机构分布来看，美国和法国包揽了核心论文的Top机构，其中美国麻省理工学院贡献了5篇核心论文，排在首位，法国国家科学研究中心、哈佛大学和霍华德·休斯医学研究所均有4篇核心论文（表6.4）。

表6.4 “基于高通量的染色质构象捕获及其衍生技术应用”研究前沿中14篇核心论文的Top产出国家和机构

排名	国家	核心论文/篇	比例/%	排名	机构	国家	核心论文/篇	比例/%
1	美国	13	92.9	1	麻省理工学院	美国	5	35.7

续表

排名	国家	核心论文/篇	比例/%	排名	机构	国家	核心论文/篇	比例/%
2	法国	4	28.6	2	法国国家科学研究中心	法国	4	28.6
3	中国	3	21.4	2	哈佛大学	美国	4	28.6
4	荷兰	2	14.3	2	霍华德·休斯医学研究所	美国	4	28.6
4	德国	2	14.3	5	美国国立卫生研究院	美国	3	21.4
6	以色列	1	7.1	5	加利福尼亚大学圣迭戈分校	美国	3	21.4
6	意大利	1	7.1	7	居里研究所	法国	2	14.3
6	波兰	1	7.1	7	法国国家健康与医学研究院	法国	2	14.3
6	比利时	1	7.1	7	贝勒医学院	美国	2	14.3
				7	博德研究所	美国	2	14.3
				7	路德维格癌症研究所	美国	2	14.3
				7	莱斯大学	美国	2	14.3
				7	斯坦福大学	美国	2	14.3

从施引论文的国家分布来看（表6.5），美国也是数量最多的国家，有810篇施引论文，占总施引论文的一半以上。英国虽然在该前沿并没有核心论文出现，但其施引论文有192篇，排在第2位。其后还有法国、德国、中国和荷兰，其施引论文数均在100篇以上。而施引论文的前10名产出机构中，大部分来自美国（8所机构），其中以霍华德·休斯医学研究所和哈佛大学最多，分别有116篇和99篇。

表6.5 “基于高通量的染色质构象捕获及其衍生技术应用”研究前沿中施引论文的Top产出国家和机构

排名	国家	施引论文/篇	比例/%	排名	机构	国家	施引论文/篇	比例/%
1	美国	810	54.3	1	霍华德·休斯医学研究所	美国	116	7.8
2	英国	192	12.9	2	哈佛大学	美国	99	6.6
3	法国	158	10.6	3	美国国立卫生研究院	美国	64	4.3
4	德国	151	10.1	4	法国国家科学研究中心	法国	58	3.9
5	中国	118	7.9	5	麻省理工学院	美国	57	3.8
6	荷兰	108	7.2	6	加利福尼亚大学圣迭戈分校	美国	53	3.6
7	加拿大	75	5.0	7	斯坦福大学	美国	44	2.9
8	西班牙	65	4.4	8	剑桥大学	英国	43	2.9
9	瑞士	64	4.3	9	俄罗斯科学院	俄罗斯	41	2.7
10	意大利	61	4.1	10	纽约大学	美国	40	2.7
				10	宾夕法尼亚大学	美国	40	2.7

6.2 新兴前沿及重点新兴前沿解读

6.2.1 新兴前沿概述

生物科学领域有 9 项研究入选新兴前沿，大部分研究主题仍与人类健康研究密切相关，包括寨卡病毒致病机理、中性粒细胞、抗体偶联药物检测和 RAS 癌基因等（表 6.6）。同时“寨卡病毒感染与防控”也入选临床医学领域新兴前沿，体现了国际社会对该流行病的关注。“剪接体（U4 / U6.U5 tri-snRNP）高分辨率的分子结构”是 2017 年获得诺贝尔化学奖的冷冻电镜技术的又一突破性应用。

表 6.6　生物科学的 9 个新兴前沿

序号	新兴前沿	核心论文 / 篇	被引频次	核心论文平均出版年
1	寨卡病毒结构及其致病机理	20	359	2016
2	中性粒细胞与细胞凋亡	7	114	2016
3	抗体－药物偶联物的检测与表征方法	9	109	2015.9
4	先天淋巴细胞的可塑性	6	108	2015.8
5	组蛋白甲基转移酶活性及其结构基础	4	107	2015.8
6	蚊子的基因渗入及其网状系统发育模式	6	171	2015.7
7	活细胞中单个 mRNA 的翻译动力学及其转录翻译实时成像	7	164	2015.7
8	RAS 构象的变构与协作	9	124	2015.7
9	剪接体（U4 / U6.U5 tri-snRNP）高分辨率的分子结构	8	215	2015.6

6.2.2 重点新兴前沿——蚊子的基因渗入及其网状系统发育模式

按蚊是导致疟原虫在人体传播的重要原因，但在数百种按蚊中只有几十种可将疟原虫传播给人类，而其中又只有少数是非常高效的疾病媒介物。科学家们在一个多世纪之前就发现了这一选择性能力，其生物学基础受到人们积极的探索。渗入和网状化可以影响系统发育的所有环节，而不仅仅是相近的物种，基因渗入具有重要的实践意义，尤其是对病虫害防治中转基因生物的管理。

一直以来，按蚊的基因组资源的缺乏使得研究只能针对个别基因来调查影响按蚊传播疟原虫能力的关键特性。2015 年，博德研究所 Daniel Neafsey 和圣母大学的 Nora Besansky 联合领导的国际科学家小组对 16 个按蚊基因组进行了测序，其团队中来自世界各地的科学家们分别检测了按蚊的生殖过程、免疫应答、杀虫药抗药性和化学感应机制相关的基因，揭示了某些按蚊物种特别擅于造成危及生命感染的显著基因差异。核心论文 *Highly evolvable malaria vectors: The genomes of 16 Anopheles mosquitoes* 是该新兴前沿中被引次数最高的，达到76次。2016年，为了阐明跨基因组的渗入程度和模式，莱斯大学的研究人员设计出一种量化每个基因组区域在系统发育网络中使用网状分支情况的新方法。将该方法应用于蚊子数据集，揭示了所有染色体的进化历史。

该新兴前沿还提供了有关种类亲缘关系的一些新见解，以及按蚊基因组动态进化如何促成它们能够灵活地适应新环境和找到人类血液的。随着新型测序技术和生物信息学分析技术的不断发展，这些新测序的基因组为丰富科学资源做出了重要的贡献，将增进人们对于蚊子不同生物学特征的了解，帮助消除对全球公共健康造成重大影响的疾病。

第 7 章　化学与材料科学

7.1　热点前沿及重点热点前沿解读

7.1.1　化学与材料科学 Top10 热点前沿发展态势

化学与材料科学领域 Top10 热点前沿主要分布在太阳能电池、有机合成、纳米技术、超级电容器、自由基聚合、上转换发光等领域（表 7.1 和图 7.1）。与 2013～2016 年相比，2017 年 Top10 热点前沿既有延续又有发展。在太阳能电池领域，关于钙钛矿太阳能电池和聚合物太阳能电池的研究连年入选热点前沿或新兴前沿。在 2017 年的 Top10 热点前沿中，聚合物太阳能电池延续了去年对非富勒烯受体（小分子和聚合物）的关注，钙钛矿太阳能电池则侧重空穴传输材料的研究。在有机合成领域，碳氢键的活化反应也是连年入选，往年侧重在钌、铑等贵金属的催化转化，2017 年是非贵金属钴的催化转化，另外 2017 年还突出了间位碳氢键的活化。在纳米技术领域，不仅继续有具体的前沿研究入选，而且首次出现宏观的研究概念——纳米组装学（nanoarchitectonics）。在超级电容器领域，基于纳米孔碳电极（2014 年）、纳米二氧化锰电极（2016 年）材料的超级电容器曾经入选热点前沿或新兴前沿，2017 年入选热点前沿的是基于 $NiCo_2S_4$ 电极材料的超级电容器。自由基聚合领域，继 2014 年入选新兴前沿后，光引发的聚合反应在 2017 年成为热点前沿。在上转换发光领域，“三重态－三重态湮灭上转换”入选热点前沿。

表 7.1　化学与材料科学 Top 10 热点前沿

排名	热点前沿	核心论文 / 篇	被引频次	核心论文平均出版年
1	三价钴催化的碳氢键活化反应	36	2189	2015.1
2	钙钛矿太阳能电池中新型有机空穴传输材料	29	2359	2014.7

续表

排名	热点前沿	核心论文 / 篇	被引频次	核心论文平均出版年
3	可见光诱导的活性自由基聚合	30	1873	2014.7
4	非富勒烯型聚合物太阳能电池	44	3532	2014.5
5	纳米组装学	25	2837	2014.4
6	全聚合物太阳能电池	22	2146	2014.2
7	基于 $NiCo_2S_4$ 的高性能超级电容器	25	2144	2014.2
8	间位碳氢键的官能团化	20	1552	2014.2
9	三重态 - 三重态湮灭上转换	21	2947	2013.9
10	具有精确原子结构和配体修饰的金纳米簇	15	1598	2013.9

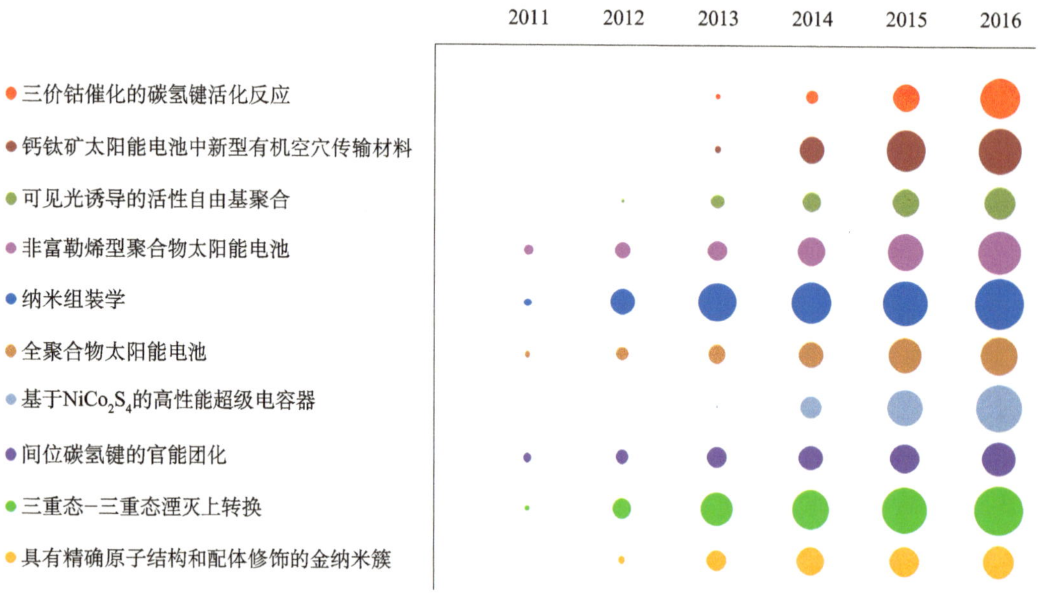

图 7.1 化学与材料科学 Top10 热点前沿的施引论文

7.1.2 重点热点前沿——三价钴催化的碳氢键活化反应

传统的合成化学基于活性官能团的相互转化，通常需要烦琐的预官能团化步骤。而碳氢键的直接化学转化可以避免这一过程，大大提高了反应的原子经济性和步骤经济性，因而受到广泛关注并取得蓬勃发展。近十年来，过渡金属催化的碳氢键直接官能团化反应已成为重要的合成工具，特别是贵金属（铑、钌、铱、铂、金、银等）催化成果显著。然而，高昂的成本以及对环境可能造成的不利影响限制了贵金属催化的大规模应用。因此，越来越多的研究人员将目光转向储量丰富、成本低廉的第一行过渡金属（锰、铁、钴、镍、铜等）。这点在《研究前沿》系列报告中也得以体现：在 2013 年和 2014 年的报告中，“钌、铑催化的碳氢键活化反应”进入化学领域 Top10 热点前沿，2017 年则是“三价钴催化的碳氢键活化反应”入选。

钴催化的碳氢键活化反应可分为低价钴（Co Ⅱ）催化和高价钴（Co Ⅲ）催化两类。本研究前沿是高价钴催化的碳氢键活化反应。2013 年，日本东京大学阐述了 Cp*Co Ⅲ（Cp*= 五甲基环戊二烯）络合物催化的 2- 苯基吡啶碳氢键活化直接加成到亚胺、烯酮上的反应。此后，研究人员不断扩大 Cp*Co Ⅲ催化剂的应用范围并研究其催化机理。与其替代对象 Cp*Rh Ⅲ相比，Cp*Co Ⅲ不仅可用于前者催化的反应，而且反应活性差异导致可能采取不同的反应路线，从而生成不同的产物。

如表 7.2 所示，在本研究前沿中，德国、中国大陆、日本、美国及韩国等国家（地区）发表了多篇核心论文。日本的东京大学，德国的哥廷根大学、明斯特大学，美国的耶鲁大学，韩国基础科学研究院等研究机构在该领域做出了突出贡献。浙江大学、北京大学、中国科学院等研究机构的工作也比较突出。

表 7.2 “三价钴催化的碳氢键活化反应”研究前沿中 36 篇核心论文的 Top 产出国家（地区）和机构

排名	国家（地区）	核心论文 / 篇	比例 /%	排名	机构	国家	核心论文 / 篇	比例 /%
1	德国	11	30.6	1	哥廷根大学	德国	6	16.7
2	中国大陆	10	27.8	1	东京大学	日本	6	16.7
3	日本	6	16.7	3	中国科学院	中国	5	13.9
4	美国	4	11.1	3	明斯特大学	德国	5	13.9
5	韩国	3	8.3	5	北京大学	中国	3	8.3
6	中国台湾	1	2.8	5	韩国基础科学研究院	韩国	3	8.3
6	印度	1	2.8	5	韩国科学技术研究院	韩国	3	8.3
				8	浙江大学	中国	2	5.6
				8	马普学会	德国	2	5.6
				8	北海道大学	日本	2	5.6
				8	星药科大学	日本	2	5.6
				8	休斯敦大学清湖分校	美国	2	5.6
				8	耶鲁大学	美国	2	5.6

在施引论文方面（表 7.3），中国大陆的论文数量最多，表现出对该热点前沿的积极跟进。印度表现抢眼，在施引论文数方面与德国相差不大。此外，美国、韩国、日本等国家（地区）也继续保持研究热度。在施引论文 Top10 机构中，中国大

陆的浙江大学、中国科学院，德国的哥廷根大学、明斯特大学，韩国基础科学研究院、韩国科学技术研究院，日本的东京大学等机构继续榜上有名，中国科学院发表的施引论文最多。此外，中国大陆的南京大学、兰州大学，韩国的成均馆大学，印度理工学院等研究机构也发表了多篇施引论文。

表 7.3 "三价钴催化的碳氢键活化反应"研究前沿中施引论文 Top 产出国家（地区）和机构

排名	国家（地区）	施引论文 / 篇	比例 /%	排名	机构	国家	施引论文 / 篇	比例 /%
1	中国大陆	250	44.7	1	中国科学院	中国	64	11.4
2	印度	69	12.3	2	哥廷根大学	德国	28	5.0
3	德国	66	11.8	3	南京大学	中国	23	4.1
4	美国	53	9.5	4	浙江大学	中国	17	3.0
5	韩国	38	6.8	5	成均馆大学	韩国	16	2.9
6	日本	35	6.3	6	明斯特大学	德国	15	2.7
7	新加坡	14	2.5	6	东京大学	日本	15	2.7
8	法国	13	2.3	6	韩国科学技术研究院	韩国	15	2.7
9	英国	13	2.3	9	印度理工学院	印度	14	2.5
10	中国台湾	10	1.8	10	兰州大学	中国	13	2.3
				10	韩国基础科学研究院	韩国	13	2.3

7.1.3 重点热点前沿——纳米组装学

"纳米组装学"这个概念最早是由时任日本理化学研究所首席科学家的 Masakazu Aono 教授（现在日本国立物质材料研究所工作）于 2000 年在第一届纳米组装学国际研讨会上提出的。Masakazu Aono 教授认为，纳米技术不是微米技术在尺度上的简单延伸，两者存在重大不同但又容易混淆，因此有必要创造一个新的名词来反映研究范式上的变化。作为材料科学和技术在纳米尺度的研究范式，纳米组装学是指将纳米尺度结构单元（原子、分子、功能组件）组装成所需纳米结构的技术体系，通过控制协调纳米结构内各种相互作用，使产生的结构具有新的功能。

从 2003 年第一次出现在论文题目中到现在，纳米组装学已经扩散到多个领域并得到了广泛认可。从纳米结构组装、超分子自组装、杂化材料，到仿生酶、传感器、药物缓释等，纳米组装学在器件制造、能源和环境科学、生物和医学等领域得到了广泛应用。2016 年，*Advanced Materials* 期刊组织了一期纳米组装学专刊，邀请日本、中国、美国、德国、法国、荷兰等国研究人员综述纳米组装学的研究和应用进展。

核心论文的 Top 产出国家（地区）中，日本贡献了 16 篇核心论文，占该前沿所有核心论文的 64.0%。来自中国大陆的核心论文为 8 篇。捷克、德国等国家（地区）的研究人员对该前沿也做出了积极贡献（表 7.4）。在发展纳米组装学的过程中，日本国立物质材料研究所做出了突出贡献，日本的 16 篇核心论文全部来自该机构，论文内容涉及层层自组装技术、Langmuir-Blodgett 膜技术等自组装技术、纳米结构组装、界面化学等多个方面。

表 7.4 “纳米组装学”研究前沿中 25 篇核心论文的 Top 产出国家（地区）和机构

排名	国家（地区）	核心论文 / 篇	比例 /%	排名	机构	国家	核心论文 / 篇	比例 /%
1	日本	16	64.0	1	日本国立物质材料研究所	日本	16	64.0
2	中国大陆	8	32.0	2	日本科学技术振兴机构	日本	11	44.0
3	捷克	2	8.0	3	中国科学院	中国	7	28.0
3	德国	2	8.0	4	早稻田大学	日本	5	20.0
3	美国	2	8.0	5	昆士兰大学	澳大利亚	2	8.0
3	澳大利亚	2	8.0	5	捷克科学院	捷克	2	8.0
7	法国	1	4.0	5	马普学会	德国	2	8.0
7	中国台湾	1	4.0					

在施引论文方面，如表 7.5 所示，来自中国大陆、日本、印度、韩国、美国等国家（地区）的研究人员发表了大量施引论文，其中中国大陆的施引论文数最多，其次是日本。在施引论文 Top10 机构中，日本国立物质材料研究所发表的施引论文数最多，中国科学院排在第 2 位。此外，日本的早稻田大学、中国大陆的吉林大学和中国台湾的台湾大学等研究机构也发表了多篇施引论文。

表 7.5 “纳米组装学”研究前沿中施引论文的 Top 产出国家（地区）和机构

排名	国家（地区）	施引论文 / 篇	比例 /%	排名	机构	国家（地区）	施引论文 / 篇	比例 /%
1	中国大陆	601	31.0	1	日本国立物质材料研究所	日本	205	10.6
2	日本	463	23.9	2	中国科学院	中国大陆	144	7.4
3	印度	261	13.5	3	日本科学技术振兴机构	日本	109	5.6
4	韩国	176	9.1	4	早稻田大学	日本	54	2.8
5	美国	165	8.5	5	吉林大学	中国大陆	48	2.5
6	中国台湾	98	5.1	6	台湾大学	中国台湾	43	2.2
7	德国	88	4.5	7	南洋理工大学	新加坡	37	1.9
8	法国	72	3.7	8	产业技术综合研究所	日本	34	1.8
9	澳大利亚	71	3.7	9	东京女子医科大学	日本	32	1.7
10	新加坡	53	2.7	9	庆北国立大学	韩国	32	1.7

7.2 新兴前沿及重点新兴前沿解读

7.2.1 新兴前沿概述

在化学与材料科学领域共有 16 项研究入选新兴前沿，主要涉及钙钛矿太阳能电池及发光材料、金属催化的化学反应、纳米材料及器件的制备、光化学等研究（表 7.6）。2017 年该领域的新兴前沿的研究主题有两大亮点，即钙钛矿型材料研究及金属催化的化学反应研究。钙钛矿型材料研究主要涉及发光材料、无机吸光层太阳能电池及环保型太阳能电池吸光材料研究等 3 个研究方向，且该研究主题从 2014 年开始就一直是化学与材料科学领域的新兴前沿，只是研究方向发生了变化。金属催化的化学反应研究与约 1/3 的新兴前沿相关，针对非贵金属的催化反应就有两个方向入选新兴前沿。关于框架化合物及柱芳烃的研究继 2016 年之后再次成为 2017 年的新兴前沿。纳米材料方面有二维纳米片、稀土纳米温度计及无机铅卤钙钛矿纳米晶发光材料等 3 个方向入选新兴前沿。

表 7.6 化学与材料科学的 16 个新兴前沿

序号	新兴前沿	核心论文 / 篇	被引频次	核心论文平均出版年
1	共价有机框架化合物	9	121	2016
2	镝单离子磁体	4	111	2016
3	三价铑催化合成吲哚类化合物	9	101	2016
4	无机铅卤钙钛矿纳米晶发光材料（$CsPbX_3$）	8	133	2015.9
5	基于无机吸光层（$CsPbX_3$）的钙钛矿型太阳能电池	4	140	2015.8
6	基于柱芳烃主客体分子识别的超分子自组装及其应用	5	132	2015.8
7	位点特异的蛋白质改性化学	5	117	2015.8
8	连续流动光化学合成反应	5	109	2015.8
9	可见光氧化还原催化的烯烃氟烷基化反应	6	170	2015.7
10	基于铁 - 镍的阳极析氧催化剂	6	154	2015.7
11	液相剥离法制备二维纳米片材料	6	144	2015.7
12	不含铅的钙钛矿型太阳能电池吸光材料	7	141	2015.7
13	基于非贵金属的双功能电解水催化剂	17	618	2015.6
14	过渡金属催化的酰胺碳氮键断裂反应	7	198	2015.6
15	非贵金属催化的烯烃 / 炔烃硅氢化反应	5	116	2015.6
16	近红外发光稀土纳米温度计	5	102	2015.6

7.2.2 重点新兴前沿——基于非贵金属的双功能电解水催化剂

利用电化学催化方法分解水产氢是可再生能源存储的一种有效方法，同时也被认为是可以解决当前能源危机最安全有效的技术。电解水包括阳极析氧和阴极析氢两个半反应，参与析氢反应的催化剂（一般是过渡金属）在酸性环境下效率最高，参与析氧反应的催化剂（一般是贵金属）却需要在碱性环境中才能表现出优越的催化性能。要在一种电解液中将水完全分解同时获得氢气和氧气需要将两种催化剂结合，而这样就会使催化剂的催化性能大打折扣。因此，非常有必要开发能在一种环境中对析氢和析氧反应都具有很高活性的非贵金属催化剂，在降低生产成本的同时，提高催化性能。所以，基于非贵金属的双功能电解水催化剂成为现阶段电解水领域的重点研究方向，同时也成为电解水制氢领域获得巨大突破的希望所在。

电解水制氢是一个由来已久的话题，近些年对非贵金属电解水催化剂的研究也一直保持较高研究热度，非贵金属电解水催化剂入选 2015 年化学与材料科学的新兴前沿，2016 年具有纳米结构的非贵金属电解水催化剂入选当年的热点前沿。2017 年的新兴前沿中关于非贵金属电解水催化剂的关注点转移到了既能析出氢气又能同时析出氧气的非贵金属的双功能电解水催化剂上。目前针对这类催化剂的研究主要集中在对过渡金属（主要是Ⅷ族）钴、镍的磷化物或者两者合金的氧化物及硫化物等物质上，而且由于碱性电解液可以获得高的离子电导率和低的过电势，所以关于该领域的研究多在强碱性电解液中进行。美国犹他州立大学在此领域表现突出，美国 6 篇核心论文有 4 篇出自该大学，其中 *Electrodeposited cobalt-phosphorous-derived films as competent bifunctional catalysts for overall water splitting* 一文被引频次最高，已经接近 200 次，后续研究者从钴的其他复合物、其他磷基化合物及其他膜类双功能非贵金属催化剂等方向入手对其工作进行了改进。中国科学院在该新兴前沿也有优异表现，中国 5 篇核心论文中有 3 篇来自中国科学院。

第 8 章　物理学

8.1　热点前沿及重点热点前沿解读

8.1.1　物理学 Top 10 热点前沿发展态势

物理学领域位居前 10 位的热点前沿主要集中于凝聚态物理、高能物理和光学（表 8.1 和图 8.1）。凝聚态物理方面的热点前沿有 6 个，钇钡铜氧化物依然是 2017 年的热点前沿，铁基超导体的向列相研究从 2016 年的新兴前沿变成了 2017 年的热点前沿，多体局域化系统、全息原理的应用以及对称保护拓扑序成了新的热点前沿。黑磷的特性研究在《2015 研究前沿》报告中以新兴前沿出现，2016 年，进一步成了热点前沿。2017 年，黑磷的特性研究再次入选热点前沿，且该前沿 2016 年单年的施引论文数达到 881 篇，是 10 个热点前沿中最活跃的 1 个。高能物理方面，暗物质间接探测继续位列热点前沿。基于希格斯玻色子轻子味破缺衰变和 B 介子半轻衰变来搜寻新物理以及四夸克态和五夸克态奇特强子的研究备受关注。光学方面，锁模光纤激光器成了热点前沿。

表 8.1　物理学 Top 10 热点前沿

排名	热点前沿	核心论文 / 篇	被引频次	核心论文平均出版年
1	希格斯玻色子轻子味破缺衰变和 B 介子半轻衰变	46	2226	2014.7
2	多体局域化系统的研究	38	2103	2014.7
3	四夸克态和五夸克态的实验和理论研究	31	2374	2014.5
4	暗物质间接探测之银河系中心伽马射线超出研究	49	3630	2014.4
5	基于二维材料可饱和吸收体的锁模光纤激光器	36	2866	2014.2
6	铁基超导体的电子向列相研究	25	2052	2014.1

续表

排名	热点前沿	核心论文 / 篇	被引频次	核心论文平均出版年
7	单层 / 多层黑磷的特性及其应用	13	5173	2014
8	钇钡铜氧化物超导体的赝能隙态研究	28	3045	2013.8
9	全息原理及其在凝聚态物理的应用	30	2311	2013.8
10	对称保护拓扑序	26	2407	2013.7

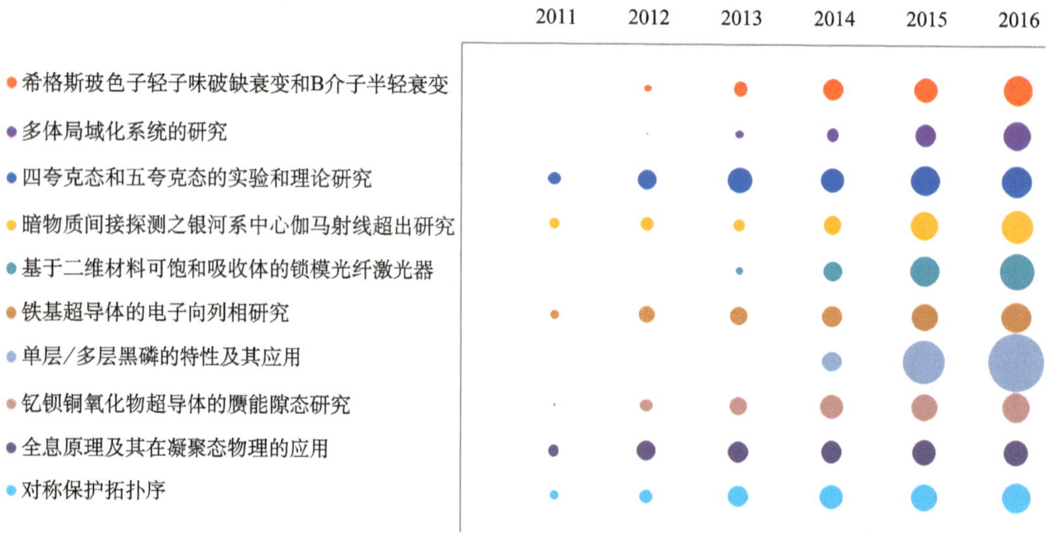

图 8.1　物理学 Top10 热点前沿的施引论文

8.1.2　重点热点前沿——希格斯玻色子轻子味破缺衰变和 B 介子半轻衰变

标准模型取得了巨大的成功，但它还存在着许多问题，这些无法解释的问题预示着标准模型之外存在新物理。希格斯玻色子发现后，探索超出标准模型的新物理已成为物理学界最重要的目标之一。近期，欧洲核子研究中心的大型强子对撞机（LHC）和美国斯坦福大学的 B 介子实验（BABAR）观测到了一些偏离标准模型的迹象，包括希格斯玻色子轻子味破缺衰变（LFV）和 B 介子半轻衰变，这些偏离是否由新物理引起，成了研究的热点。

在这个热点前沿中，德国表现最突出，参与了 46 篇核心论文中的 19 篇，约占核心论文总量的 41.3%。美国、瑞士、英国和意大利等国也有不错的表现。参与核心论文最多的机构是意大利国家核物理研究所和欧洲核子研究中心。这些机构中，来自意大利的有 3 所，瑞士、德国、美国各有 2 所，法国和俄罗斯各有 1 所（表 8.2）。

表 8.2 “希格斯玻色子轻子味破缺衰变和 B 介子半轻衰变”研究前沿中 46 篇核心论文的 Top 产出国家和机构

排名	国家	核心论文 / 篇	比例 /%	排名	机构	国家	核心论文 / 篇	比例 /%
1	德国	19	41.3	1	意大利国家核物理研究所	意大利	12	26.1
2	美国	17	37.0	2	欧洲核子研究中心	瑞士	9	19.6
3	瑞士	14	30.4	3	多特蒙德工业大学	德国	8	17.4
4	英国	13	28.3	4	辛辛那提大学	美国	7	15.2
5	意大利	12	26.1	5	麻省理工学院	美国	6	13.0
6	西班牙	11	23.9	5	巴黎第十一大学	法国	6	13.0
7	法国	8	17.4	5	马普学会	德国	6	13.0
7	中国	8	17.4	5	罗马萨皮恩扎大学	意大利	6	13.0
9	比利时	7	15.2	5	帕多瓦大学	意大利	6	13.0
10	俄罗斯	6	13.0	5	俄罗斯科学院	俄罗斯	6	13.0
10	韩国	6	13.0	5	苏黎世大学	瑞士	6	13.0

分析热点前沿施引论文的国家和机构（表 8.3），可以发现，美国和德国的表现远超其他国家，参与的施引论文分别有 169 篇和 161 篇，占施引论文总量的 30.1% 和 28.6%。瑞士、西班牙和英国紧随其后。施引论文总量排名前 10 的机构中，意大利国家核物理研究所和欧洲核子研究中心的施引论文较多，分别为 78 篇和 69 篇，占施引论文总量的 13.9% 和 12.3%，随后是法国的巴黎第十一大学、西班牙的瓦伦西亚大学和德国的多特蒙德工业大学。

表 8.3 “希格斯玻色子轻子味破缺衰变和 B 介子半轻衰变”研究前沿中施引论文 Top 产出国家和机构

排名	国家	施引论文 / 篇	比例 /%	排名	机构	国家	施引论文 / 篇	比例 /%
1	美国	169	30.1	1	意大利国家核物理研究所	意大利	78	13.9
2	德国	161	28.6	2	欧洲核子研究中心	瑞士	69	12.3
3	瑞士	101	18.0	3	巴黎第十一大学	法国	52	9.3
4	西班牙	88	15.7	4	瓦伦西亚大学	西班牙	51	9.1
4	英国	88	15.7	5	多特蒙德工业大学	德国	46	8.2
6	法国	84	14.9	6	美因茨大学	德国	43	7.7
7	意大利	81	14.4	7	俄罗斯科学院	俄罗斯	40	7.1
8	中国	75	13.3	8	辛辛那提大学	美国	38	6.8
9	印度	54	9.6	9	萨瓦大学	法国	37	6.6
10	加拿大	49	8.7	10	麻省理工学院	美国	35	6.2
				10	海德堡大学	德国	35	6.2

8.1.3 重点热点前沿——四夸克态和五夸克态的实验和理论研究

除了要进行扩充以发展新物理模型外，标准模型理论内部也存在许多需要解决的难题，强子物理的标准模型描述就是其中之一。强子是指由夸克通过强相互作用力组成的复合粒子，包括重子和介子。夸克模型认为，强子是由 3 个夸克组成（即重子）或者由正反夸克对组成（即介子）的粒子。夸克模型的预言与很多实验事实一致，表明它是非常成功的。但描述夸克之间强相互作用的量子色动力学理论，并不排除多夸克态（含 4 个夸克或更多）、分子态（两个或多个介子或重子束缚在一起）等奇特态强子的存在。自夸克模型提出以来，物理学家一直致力于寻找奇特态强子的实验证据。2013 年 6 月，北京谱仪Ⅲ（BES Ⅲ）实验合作组和日本的 Belle 合作组几乎同时发现了“四夸克”粒子 Zc（3900）。2015 年 8 月，欧洲核子研究中心大型强子对撞机底夸克物理实验（LHCb）合作组发现了由五夸克组成的重子态 Pc（4450）和 Pc（4380），这些发现引发了实验和理论研究的热潮。

在这个热点前沿中，中国表现最活跃（表 8.4），参与了 31 篇核心论文中的 20 篇，约占核心论文总量的 64.5%。美国、德国、意大利和俄罗斯等也有不错的表现。参与核心论文最多的机构是中国科学院，意大利国家核物理研究所和俄罗斯科学院紧随其后。这些机构中，来自中国的有 5 所，俄罗斯的有 4 所，意大利和美国各有 2 所，荷兰、波兰和韩国各有 1 所。

表 8.4 “四夸克态和五夸克态的实验和理论研究”研究前沿中 31 篇核心论文的 Top 产出国家和机构

排名	国家	核心论文 / 篇	比例 /%	排名	机构	国家	核心论文 / 篇	比例 /%
1	中国	20	64.5	1	中国科学院	中国	16	51.6
2	美国	18	58.1	2	意大利国家核物理研究所	意大利	13	41.9
3	德国	15	48.4	3	俄罗斯科学院	俄罗斯	11	35.5
4	意大利	14	45.2	4	新西伯利亚国立大学	俄罗斯	10	32.3
5	俄罗斯	12	38.7	5	清华大学	中国	9	29.0
6	西班牙	9	29.0	6	兰州大学	中国	8	25.8
7	韩国	8	25.8	6	阿里克汉诺夫（Alikhanov）理论与实验物理研究所	俄罗斯	8	25.8
7	荷兰	8	25.8	6	库尔切多夫研究所	俄罗斯	8	25.8
9	波兰	7	22.6	9	华中师范大学	中国	7	22.6
9	瑞士	7	22.6	9	北京大学	中国	7	22.6
				9	罗马萨皮恩扎大学	意大利	7	22.6
				9	格罗宁根大学	荷兰	7	22.6

续表

排名	国家	核心论文 / 篇	比例 /%	排名	机构	国家	核心论文 / 篇	比例 /%
				9	波兰科学院	波兰	7	22.6
				9	首尔国立大学	韩国	7	22.6
				9	夏威夷大学希罗分校	美国	7	22.6
				9	辛辛那提大学	美国	7	22.6

分析热点前沿施引论文的国家和机构（表 8.5），可以发现，中国是最活跃的国家，参与的施引论文有 455 篇，占施引论文总量的 46.2%。美国、德国和俄罗斯紧随其后。施引论文总量排名前 10 的机构中，中国科学院的施引论文最多，为 268 篇，占施引论文总量的 27.2%，随后是意大利国家核物理研究所、俄罗斯科学院和北京大学。

表 8.5 “四夸克态和五夸克态的实验和理论研究”研究前沿中施引论文的 Top 产出国家和机构

排名	国家	施引论文 / 篇	比例 /%	排名	机构	国家	施引论文 / 篇	比例 /%
1	中国	455	46.2	1	中国科学院	中国	268	27.2
2	美国	314	31.9	2	意大利国家核物理研究所	意大利	177	18.0
3	德国	286	29.0	3	俄罗斯科学院	俄罗斯	171	17.4
4	俄罗斯	254	25.8	4	北京大学	中国	135	13.7
5	意大利	192	19.5	5	阿里克汉诺夫（Alikhanov）理论与实验物理研究所	俄罗斯	127	12.9
6	西班牙	182	18.5	6	新西伯利亚国立大学	俄罗斯	113	11.5
7	日本	145	14.7	7	库尔切多夫研究所	俄罗斯	107	10.9
8	瑞士	135	13.7	8	兰州大学	中国	98	9.9
9	韩国	134	13.6	9	巴黎第十一大学	法国	97	9.8
10	法国	124	12.6	10	欧洲核子研究中心	瑞士	94	9.5

8.2 新兴前沿及重点新兴前沿解读

8.2.1 新兴前沿概述

物理学领域有 5 项研究入选新兴前沿，主要集中于高能物理、凝聚态物理和光学（表 8.6）。高能物理方面包括“基于 750GeV 双光子信号的标准模型研究”和“基于手征有效场论的三体核力研究”，凝聚态物理方面关注的是“二硫化钼和二硒化铌的超导性研究”以及“纳米受限二维冰的结构和相变”，光学方面包括“基于里德堡偶极阻塞效应的多体物理学”。

表 8.6 物理学的 5 个新兴前沿

序号	新兴前沿	核心论文 / 篇	被引频次	核心论文平均出版年
1	基于 750GeV 双光子信号的标准模型研究	27	1167	2016
2	二硫化钼和二硒化铌的超导性研究	8	168	2015.8
3	基于手征有效场论的三体核力研究	11	231	2015.7
4	纳米受限二维冰的结构和相变	3	106	2015.7
5	基于里德堡偶极阻塞效应的多体物理学	5	112	2015.6

8.2.2 重点新兴前沿——基于 750GeV 双光子信号的标准模型研究

希格斯玻色子发现后，探索超出标准模型的新物理已成为物理学界最重要的目标之一。2015 年年底，欧洲核子研究中心的超环面仪器（ATLAS）和紧凑 μ 子线圈（CMS）实验团队在 750 GeV 附近发现疑似双光子超出信号。如果这真的意味着一种全新的粒子，那它将是迄今发现最重的基本粒子，也将可能改变整个粒子物理学。因此，物理学家对该事件展开了激烈的讨论，发表了大量的研究论文。在这个新兴前沿中，27 篇高被引论文的总被引频次为 1167 次，发表时间范围是 2016 年 1～7 月，研究内容主要是通过各种扩展的标准模型对 750 GeV 双光子超出信号进行解释。然而，2016 年 8 月，ATLAS 和 CMS 实验团队宣布，他们之前发现的双光子超出信号只是统计涨落造成的，在 2016 年的数据中，没有发现显著的信号。因此，与之相关的所有模型也都被证实是错误的。

第 9 章　天文学与天体物理学

9.1　热点前沿及重点热点前沿解读

9.1.1　天文学与天体物理学 Top 10 热点前沿发展态势

天文学与天体物理学领域居前 10 位的热点前沿涵盖了重子声学振荡、高红移星系、太阳物理、系外行星搜寻及其性质研究、高能中微子和伽马射线、宇宙微波背景辐射、暗物质、超新星等研究主题（表 9.1 和图 9.1），体现出与空间任务平台高度相关的特点。该领域的热点前沿长期保持相对稳定，与 2016 年和 2015 年的热点前沿相比，重子声学振荡、高红移星系、太阳物理、系外行星、超新星、暗物质等研究主题连年上榜，始终是天文学与天体物理学领域备受关注的热点科学问题。此外，与 2016 年“首次直接探测到引力波”这一年度最具影响力的科学发现密切相关的研究主题——“双黑洞等双致密天体的形成及并合”脱颖而出，成为 2017 年天文学与天体物理学领域的新兴前沿之一。

表 9.1　天文学与天体物理学 Top 10 热点前沿

排名	热点前沿	核心论文 / 篇	被引频次	核心论文平均出版年
1	南极“冰立方中微子天文台”（IceCube）和“费米伽马射线空间望远镜”（Fermi）对高能中微子和伽马射线等的观测研究	19	2517	2013.7
2	基于“普朗克”（Planck）卫星、“南极望远镜”（SPT）和“阿塔卡玛宇宙学望远镜”（ACT）等对宇宙微波背景辐射的探测研究	26	3139	2013.5
3	基于“开普勒空间望远镜”（Kepler）开展系外行星搜寻及其性质研究	47	7588	2012.9
4	暗物质探测研究	27	3701	2012.9

续表

排名	热点前沿	核心论文/篇	被引频次	核心论文平均出版年
5	利用“哈勃空间望远镜”（HST）探测研究高红移星系	18	2524	2012.9
6	基于“斯隆数字巡天”（SDSS）等多项巡天项目的重子声学振荡相关研究	8	1945	2012.9
7	超新星及其对应前身星性质研究	21	2459	2012.8
8	“斯隆数字巡天”（SDSS）计划第 3 期及其中的“重子振荡光谱巡天”（BOSS）项目	4	1498	2012.3
9	“太阳动力学天文台”（SDO）任务及其仪器性能以及其他相关太阳物理学研究	13	3041	2012.2
10	基于“哈勃空间望远镜”（HST）开展的“宇宙组装近红外深河外遗迹巡天”（CANDELS）和“三维哈勃空间望远镜”（3D-HST）巡天项目	5	1439	2012.2

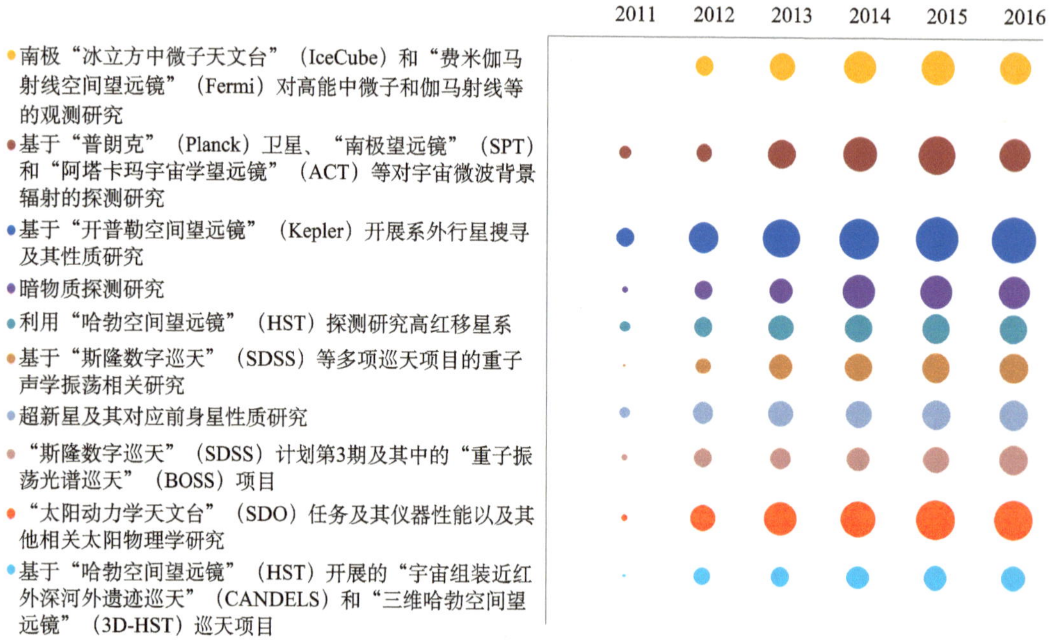

图 9.1　天文学与天体物理学 Top10 热点前沿的施引论文

9.1.2　重点热点前沿——基于“开普勒空间望远镜”（Kepler）开展系外行星搜寻及其性质研究

系外行星研究从 2013 年起就一直位列天文学与天体物理学领域的 Top10 热点前沿。“基于‘开普勒空间望远镜’（Kepler）开展系外行星搜寻及其性质研究”成为 2017 年该方向热点前沿的新代表。Kepler 是美国国家航空航天局（NASA）2009 年发射升空的世界首个专门用于搜寻系外行星的航天器。在任务期内，Kepler 将在天鹅座和天琴座的大约 10 万个恒星系中搜寻系外行星。

构成本热点前沿的 47 篇核心论文中有 39 篇是关于 Kepler 及 Kepler 第二阶段任务 Kepler-K2 观测结果的系列论文。Kepler 及 Kepler-K2 目前已累计发现了近 5000 颗候选系外行星，确认了超过 2450 颗系外行星（截至 2017 年 8 月 4 日），确认的宜居带内接近地球大小的系外行星有 30 颗。Kepler 的一系列里程碑式发现包括 2011 年发现首颗可能宜居的类地行星 Kepler-22b，2012 年发现首个围绕双恒星运行的行星系统 Kepler-47、确认拥有最多行星的恒星 Kepler-33、发现双太阳行星 Kepler-34b/35b，2014 年首次在宜居带内发现地球大小的系外行星 Kepler-186f 等。此外，多种类型系外行星的性质、宜居带理论以及“行星掩星与星震探测卫星”（PLATO 2.0）任务也是该热点前沿重点讨论的问题。欧洲空间局（ESA）开发的 PLATO 2.0 任务预计将于 2024 年发射。同 Kepler 只搭载一台较大的观测载荷不同，PLATO 2.0 将配备 34 台小型望远镜和相机，有望发现 Kepler 难以发现的小质量系外行星。

根据对核心论文的产出国家和机构的分析（表 9.2），可以看出，作为 Kepler 任务的资助国，美国在该领域的表现最为突出，美国主导或参与了几乎全部核心论文的工作，核心论文产出 Top 10 机构更是几乎被美国包揽。美国国家航空航天局作为任务的资助机构，毫无疑问拥有该领域最多的核心论文，哈佛－史密森天体物理学中心、加利福尼亚大学伯克利分校以及加州理工学院等机构在该领域也有突出表现。丹麦在该领域也有较好表现，丹麦的奥胡斯大学更是唯一进入核心论文产出 Top 10 机构的非美国机构。从该研究前沿的核心论文产出来看，英国、法国、德国等传统空间科学研究强国与美国存在非常明显的差距。

表 9.2 “基于‘开普勒空间望远镜’（Kepler）开展系外行星搜寻及其性质研究”研究前沿中 47 篇核心论文的 Top 产出国家和机构

排名	国家	核心论文 / 篇	比例 /%	排名	机构	国家	核心论文 / 篇	比例 /%
1	美国	46	97.9	1	美国国家航空航天局	美国	35	74.5
2	丹麦	23	48.9	2	哈佛－史密森天体物理学中心	美国	28	59.6
3	英国	15	31.9	3	加利福尼亚大学伯克利分校	美国	25	53.2
4	法国	8	17.0	4	加州理工学院	美国	24	51.1
4	德国	8	17.0	5	加利福尼亚大学圣克鲁兹分校	美国	23	48.9
6	澳大利亚	7	14.9	6	得克萨斯大学奥斯汀分校	美国	20	42.6
7	以色列	5	10.6	7	搜寻地外文明研究所	美国	17	36.2
7	荷兰	5	10.6	8	麻省理工学院	美国	16	34.0

续表

排名	国家	核心论文/篇	比例/%	排名	机构	国家	核心论文/篇	比例/%
7	西班牙	5	10.6	9	奥胡斯大学	丹麦	15	31.9
10	葡萄牙	4	8.5	10	圣何塞州立大学	美国	14	29.8
10	瑞士	4	8.5	10	佛罗里达大学	美国	14	29.8

施引论文方面（表 9.3），美国仍处于统治地位，其施引论文量占施引论文总量的 63.7%，约是第 2 名英国的 2.45 倍。美国的 5 所机构登上 Top10 产出机构榜，且美国包揽了施引论文 Top 产出机构的前 3 席。Top10 产出机构的另外 5 席分别是德国的马普学会、法国国家科学研究中心、丹麦的奥胡斯大学、西班牙的加那利天体物理研究所和葡萄牙的波尔图大学。

表 9.3 “基于‘开普勒空间望远镜’（Kepler）开展系外行星搜寻及其性质研究”研究前沿中施引论文 Top 产出国家和机构

排名	国家	施引论文/篇	比例/%	排名	机构	国家	施引论文/篇	比例/%
1	美国	1735	63.7	1	美国国家航空航天局	美国	504	18.5
2	英国	707	26.0	2	哈佛 - 史密森天体物理学中心	美国	398	14.6
3	德国	546	20.0	3	加州理工学院	美国	360	13.2
4	法国	475	17.4	4	马普学会	德国	238	8.7
5	西班牙	337	12.4	5	法国国家科学研究中心	法国	202	7.4
6	丹麦	299	11.0	6	奥胡斯大学	丹麦	197	7.2
7	澳大利亚	268	9.8	6	加利福尼亚大学伯克利分校	美国	197	7.2
8	意大利	251	9.2	8	加那利天体物理研究所	西班牙	176	6.5
9	瑞士	236	8.7	9	麻省理工学院	美国	169	6.2
10	加拿大	192	7.0	10	波尔图大学	葡萄牙	162	5.9

可以预见，未来随着美国“凌日系外行星勘测卫星”（TESS）、“詹姆斯·韦伯空间望远镜”（JWST）和 PLATO 2.0 任务陆续发射升空，系外行星探测仍将是天文领域最为热点的研究主题之一，而美国在该领域的领先地位在未来很长一段时间内都不太可能受到挑战。

9.1.3 重点热点前沿——“太阳动力学天文台”（SDO）任务及其仪器性能以及其他相关太阳物理学研究

太阳是离地球最近的一颗恒星，也是人类可以以一定空间分辨率开展详细观测和研究的唯一恒星，在现代物理学和天文学的发展中扮演着重要的角色。太阳为人类家园带来了温暖和光明，太阳的剧烈活动也会对人类产生重大影响，探索太阳对现代社会的可持续发展具有极其重要的意义。太阳物理学正是为了研究太阳的结构、物质组成、能量来源与传输、太阳活动与演化以及对太阳系空间的作用和影响等问题而发展起来的重要天文学分支学科。

20世纪90年代以来，空间卫星探测手段占据了主导地位，太阳物理学研究进入全新发展时期。“阳光”（Yohkoh/Solar-A）、“太阳和日球层天文台”（SOHO）、“过渡区和日冕探测器”（TRACE）、“Reuven Ramaty 高能太阳光谱成像仪”（RHESSI）、“日出”（Hinode/Solar-B）、“日地关系天文台”（STEREO）、“太阳动力学天文台”（SDO）、“界面区域成像光谱仪”（IRIS）等探测卫星先后发射，卫星探测技术和探测范围都得到了空前提高，开启了太阳物理学的多波段、全时域、高分辨率和高精度探测时代。

在研究前沿系列报告中，基于卫星平台开展的太阳物理学研究连年入围天文学与天体物理学领域的热点前沿，2015年和2016年主要涉及Hinode/Solar-B、SDO、IRIS、STEREO等卫星任务，2017年涉及SDO、IRIS和RHESSI等3项卫星任务。

本热点前沿共包括13篇核心论文，8篇论文重点介绍了SDO任务总体概况、各项科学仪器性能和观测发现；2篇论文介绍了CHIANTI光谱代码；1篇论文基于RHESSI观测数据对太阳耀斑和相关现象进行了综述；1篇论文介绍了IRIS任务总体概况；1篇论文综述了产生太阳耀斑的磁流体动力学过程。

SDO、IRIS和RHESSI都是美国国家航空航天局的太阳探测卫星任务。SDO是一项大型太阳物理学空间任务，于2010年成功发射，总投资约8.5亿美元。SDO的科学目标是通过研究太阳磁场是如何产生的，其结构如何，以及磁场能量是如何转化并以太阳风、高能粒子和太阳辐照度等形式释放到日球层和地球空间的，来了解太阳对地球和近地空间的影响。与SDO任务相关的8篇核心论文中，6篇来自*Solar Physics*期刊于2012年推出的SDO任务专刊（共包括16篇论文），另外2篇论文介绍了SDO上的日震和磁成像仪（HMI）对矢量磁场的观测处理过程以及对一个太阳喷发活跃区的磁场和能量演化的观测。

IRIS和RHESSI是美国国家航空航天局实施的小型太阳探测卫星任务。IRIS任务于2013年发射，主要目标是了解太阳低层大气中热和能量的传输，从而加深对太阳动力学的理解。RHESSI任务于2002年发射，旨在探索太阳耀斑粒子加速和能量释放背后的物理机理。

另2篇介绍CHIANTI光谱代码的核心论文介绍了CHIANTI光谱代码第7版和第7.1版的特性。CHIANTI光谱代码包括一个原子数据库和一套计算机程序，可计算天体的光学薄光谱，并为天体物理学光谱分析提供光谱等离子体诊断，是适用于 1～2000Å 波长范围光学薄辐射的应用最为广泛、完整、精确的光谱代码之一。

根据核心论文的产出国家和机构的计量分析（表 9.4），美国在该前沿的表现非常突出，参与了该前沿全部 13 篇核心论文中的 12 篇，其次英国参与了 6 篇。核心论文 Top 产出机构（16 所）中，美国机构达 12 所。美国的突出表现与其主导投资该前沿的主要研究设施密切相关，核心论文产出机构中排名第 2 的美国国家航空航天局主导实施了 SDO、IRIS 和 RHESSI 卫星任务，排名第 1 和第 3 的斯坦福大学和洛克希德·马丁空间系统公司分别是 SDO 搭载的三大科学仪器中的两项——日震和磁成像仪与大气成像组件（AIA）的首席科学家所在机构。洛克希德·马丁空间系统公司也是 IRIS 任务的首席科学家所在机构。

表 9.4 “‘太阳动力学天文台’（SDO）任务及其仪器性能以及其他相关太阳物理学研究”研究前沿中 13 篇核心论文的 Top 产出国家和机构

排名	国家	核心论文 / 篇	比例 /%	排名	机构	国家	核心论文 / 篇	比例 /%
1	美国	12	92.3	1	斯坦福大学	美国	7	53.8
2	英国	6	46.2	2	美国国家航空航天局	美国	6	46.2
3	德国	2	15.4	3	洛克希德·马丁空间系统公司	美国	5	38.5
3	日本	2	15.4	4	美国国家大气研究中心	美国	4	30.8
5	中国	1	7.7	5	劳伦斯伯克利国家实验室	美国	2	15.4
5	韩国	1	7.7	5	e2v 技术公司	英国	2	15.4
5	挪威	1	7.7	5	卢瑟福·阿普尔顿实验室	英国	2	15.4
5	爱尔兰	1	7.7	5	剑桥大学	英国	2	15.4
5	奥地利	1	7.7	5	Alias 宇航公司	美国	2	15.4
				5	乔治梅森大学	美国	2	15.4
				5	哈佛－史密森天体物理学中心	美国	2	15.4
				5	加利福尼亚大学伯克利分校	美国	2	15.4
				5	Reflective X-ray Optics 公司	美国	2	15.4
				5	密歇根大学	美国	2	15.4
				5	马普学会	德国	2	15.4
				5	蒙大拿州立大学	美国	2	15.4

从该前沿的施引论文情况来看（表 9.5），美国参与了 53.1% 的施引论文，排名第 1。中国贡献了 383 篇施引论文，占该前沿全部施引论文的 19.4%，排名第 2，与英国相差不大。施引论文数排名 Top 10 的机构中，6 所机构来自美国，2 所机构来自中国，德国和俄罗斯各 1 所。施引论文 Top 10 机构可以划分为 3 个阵营，第

一阵营是中国科学院和美国国家航空航天局，分别贡献了266篇和251篇施引论文，分别占总施引论文的13.5%和12.7%。第二阵营包括马普学会、斯坦福大学、俄罗斯科学院、哈佛－史密森天体物理学中心和洛克希德·马丁空间系统公司，这些机构的施引论文在117～133篇。第三阵营有3所机构，即乔治梅森大学、南京大学和国家太阳天文台，分别贡献了86篇、85篇和81篇施引论文。

表9.5 “‘太阳动力学天文台’（SDO）任务及其仪器性能以及其他相关太阳物理学研究”研究前沿中施引论文的Top产出国家和机构

排名	国家	施引论文/篇	比例/%	排名	机构	国家	施引论文/篇	比例/%
1	美国	1046	53.1	1	中国科学院	中国	266	13.5
2	中国	383	19.4	2	美国国家航空航天局	美国	251	12.7
3	英国	359	18.2	3	马普学会	德国	133	6.7
4	德国	251	12.7	4	斯坦福大学	美国	132	6.7
5	俄罗斯	170	8.6	5	俄罗斯科学院	俄罗斯	127	6.4
6	法国	154	7.8	6	哈佛－史密森天体物理学中心	美国	123	6.2
7	日本	136	6.9	7	洛克希德·马丁空间系统公司	美国	117	5.9
8	韩国	135	6.8	8	乔治梅森大学	美国	86	4.4
9	印度	122	6.2	9	南京大学	中国	85	4.3
10	意大利	97	4.9	10	国家太阳天文台	美国	81	4.1

9.2 新兴前沿及重点新兴前沿解读

9.2.1 新兴前沿概述

天文学与天体物理学领域有2项研究入选新兴前沿，分别是“‘磁层多尺度’（MMS）任务及其初期结果以及相关磁重联研究”和“双黑洞等双致密天体的形成及并合”（表9.6）。下面对第2个新兴前沿进行重点解读。

表9.6 天文学与天体物理学领域的2个新兴前沿

序号	新兴前沿	核心论文/篇	被引频次	核心论文平均出版年
1	“磁层多尺度”（MMS）任务及其初期结果以及相关磁重联研究	16	429	2016
2	双黑洞等双致密天体的形成及并合	8	186	2015.8

9.2.2 重点新兴前沿——双黑洞等双致密天体的形成及并合

引力波是时空的“涟漪”，由宇宙中如致密天体碰撞并合这样剧烈变化的物理过程产生。爱因斯坦于 1916 年预言了引力波的存在。在过去的几十年中，天文学家通过观测银河系中的密近双星间接地证明了引力波的存在。但科学家们一直热切地期望在地球上直接探测到引力波，用更极端的条件来更严格地验证广义相对论，同时开启一条探索宇宙的全新途径。

2015 年 9 月，美国“激光干涉仪引力波天文台”（LIGO）首次直接探测到 10 亿光年外的双黑洞并合释放出的引力波，这一事件被称为 GW150914。此后，LIGO 分别在 2015 年 12 月和 2017 年 1 月再次探测到双黑洞引力波事件，分别为 GW151226 和 GW170104。此外，LIGO 还多次探测到引力波候选事件。LIGO 的发现预示着引力波天文学和多信使天文学时代的开始，引力波观测将与光学和射频望远镜以及其他探测器联合起来探索宇宙。

LIGO 直接探测到双黑洞并合释放的引力波震动了整个科学界，被 *Science* 期刊评为 2016 年“年度突破”，被 *Physics World* 评为 2016 年“年度突破”，LIGO 科学团队发言人、科学家 Gabriela Gonzalez 被 *Nature* 期刊评为 2016 年最有影响力的十大人物之首。

当前，全球引力波探测器网络正在成形。LIGO 于 2016 年 11 月完成升级工作后再次启动；欧洲“室女座引力波探测器”（VIRGO）于 2017 年 8 月开展了为期 25 天的观测，接下来将继续升级改造；日本正在建造“神冈引力波探测器”（KAGRA）；21 世纪 20 年代初在印度有望再增加一个引力波探测器。此外，空间引力波探测取得突破，ESA 于 2015 年 12 月发射的“激光干涉仪空间天线 - 探路者”（LPF）已经成功验证空间引力波探测技术能力，ESA 于 2017 年 6 月正式确认将于 2034 年发射，旨在探测空间引力波的“激光干涉仪空间天线”（LISA），总预算高达 10 亿欧元。中国科学家也提出了“太极”和“天琴”两项在空间探测引力波的计划。

与直接探测到引力波密切相关的“双黑洞等双致密天体的形成及并合”这一研究主题脱颖而出，成为 2017 年天文学与天体物理学领域的新兴前沿。该前沿包括 8 篇论文，研究内容涉及：基于模型数值模拟双黑洞形成，解释引力波观测结果；预测 LIGO、VIRGO 等可探测到的潜在引力波源，如大质量过接双星（MOB）引发的双黑洞并合等；基于 GW150914 事件的发现，展望多频段引力波天文学的发展，提出 LISA 的观测可提前数周预告双黑洞并合的时间和位置，从而协调多个望远镜对双黑洞并合同时开展引力波和多频段电磁波观测等。8 篇论文的通讯作者分别来自美国的西北大学（3 篇）、波兰的华沙大学（3 篇）、德国的波恩大学（1 篇）和英国的伯明翰大学（1 篇）。

第 10 章　数学、计算机科学与工程

10.1　热点前沿及重点热点前沿解读

10.1.1　数学、计算机科学与工程 Top 10 热点前沿发展态势

数学、计算机科学与工程领域位居前 10 位的热点前沿主要集中于应变梯度理论及其在材料和工程研究中的应用、多类偏微分方程（组）求解及其应用、传热优化理论、超级电容器、水合物法气体分离技术、选择性激光熔融金属加工技术以及基于生物特征的远程认证等领域（表 10.1 和图 10.1）。与 2013～2016 年相比，2017 年 Top10 热点前沿既有延续又有发展。应变梯度理论及其在材料和工程研究中的应用连续多年入选本领域的热点前沿或新兴前沿。偏微分方程（组）求解及其应用问题也始终是历年研究前沿中的重要研究主题。在工程领域，2017 年的 Top 热点前沿延续了 2016 年对构形设计和传热分析相关问题的关注，同时也首次出现了水合物法气体分离技术、选择性激光熔融金属加工技术以及基于先进混合型超级电容器的储能器件等热点前沿。在计算机科学领域，基于生物特征的远程认证首次入选热点前沿。

表 10.1　数学、计算机科学与工程 Top 10 热点前沿

排名	热点前沿	核心论文 / 篇	被引频次	核心论文平均出版年
1	二阶应变梯度理论及其应用	50	1114	2015.1
2	非线性发展方程的孤子解及其在流体力学、电磁学等领域的应用	41	1041	2014.9
3	功能梯度板 / 梁的剪切变形理论研究	35	1575	2014.7
4	水合物法气体分离（HBGS）技术和水合物分解特性研究	21	947	2014.3
5	构形理论和火积理论等传热优化理论研究与应用	29	1004	2014.2

续表

排名	热点前沿	核心论文 / 篇	被引频次	核心论文平均出版年
6	选择性激光熔融技术加工金属部件的工艺、微结构和机械性能研究	16	1000	2014.2
7	基于修正偶应力理论和应变梯度理论的微梁和微板的动力学研究	45	2114	2014.1
8	基于超级电容器的储能器件	13	1409	2014
9	关于 Keller-Segel 趋化方程的研究	45	1156	2014
10	基于生物特征识别的远程用户认证方案	37	2423	2013.9

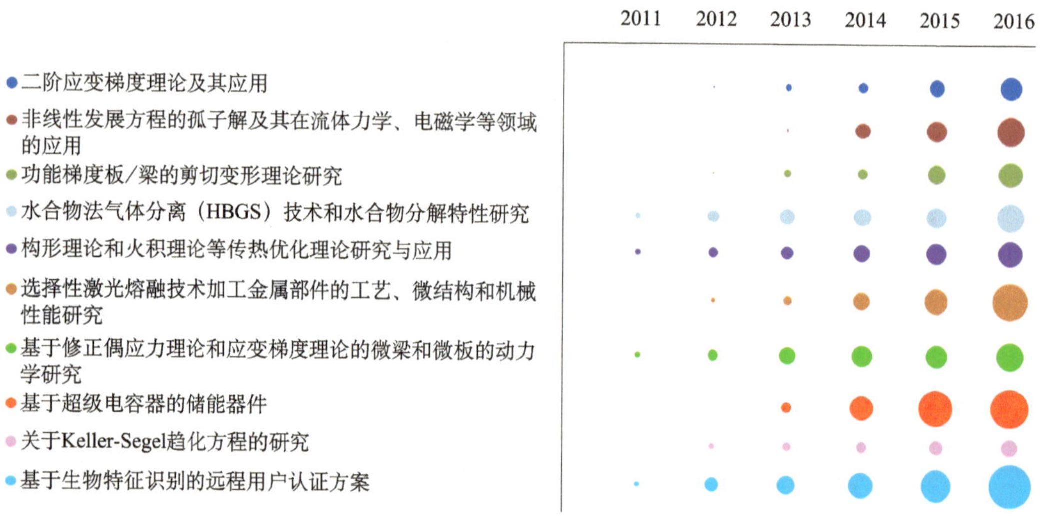

图 10.1　数学、计算机科学与工程 Top10 热点前沿的施引论文

10.1.2　重点热点前沿——二阶应变梯度理论及其应用

随着科学技术的发展，含微结构材料在各个领域得到了广泛的应用。在实际工程中，大部分材料在宏观上是均匀、连续的，但在更小的尺度内包含复杂的微结构，因此理解及量化材料特性与微结构之间的关系具有重要的科学意义和工程应用前景。由于经典连续介质理论的本构关系中不包含任何与特征尺寸相关的参数，故经典连续介质理论不能解释微构件力学性能及多场耦合性能的尺寸效应。因此，需要建立基于连续介质力学的唯像高阶理论，研究材料在微尺度下的应变行为。

应变梯度理论最早是由 Mindlin 提出的，通过将高阶应变梯度和 / 或位错密度纳入支配材料行为的本构或演化方程，来引入尺度对结构或系统的弹、塑性变形和位错运动等力学行为的影响。应变梯度理论是完整的二阶梯度理论，为非经典连续介质力学研究提供了一种新的思路，后续通过对该理论的改进和扩展，研究人员建立了弹性、塑性、弹塑性、热弹性材料等的多种应变梯度模型。

2017 年数学、计算机科学与工程领域重点热点前沿“二阶应变梯度理论及其应用”包含 50 篇高被引论文，其研究内容主要聚焦在利用包括二阶应变梯度理论在内的高阶应变梯度连续介质理论，分析超材料、织物、纤维增强材料、毛细管流体、骨组织、悬臂梁、弯曲梁、碳纳米管等一系列对象在微尺度下的应变行为，取得了丰富的应用成果。

在该研究前沿的核心论文有贡献的 8 个国家中，意大利占据了绝对优势地位，贡献了多达 48 篇核心论文，占全部核心论文的 96.0%（表 10.2）。法国、波兰、美国、德国等国家也有不错的表现。核心论文 Top 10 机构中，意大利的研究机构占据 7 席。罗马第一大学、拉奎拉大学研究实力较强，以 28 篇和 21 篇核心论文分别位居第 1 和第 2 位。法国的里昂第一大学是唯一进入核心论文 Top 5 机构的非意大利机构。除此之外，美国、波兰、加拿大分别有 1 所机构进入核心论文 Top 10 机构。

表 10.2 “二阶应变梯度理论及其应用”研究前沿中 50 篇核心论文的 Top 产出国家和机构

排名	国家	核心论文 / 篇	比例 /%	排名	机构	国家	核心论文 / 篇	比例 /%
1	意大利	48	96.0	1	罗马第一大学	意大利	28	56.0
2	法国	11	22.0	2	拉奎拉大学	意大利	21	42.0
3	波兰	6	12.0	3	里昂第一大学	法国	7	14.0
3	美国	6	12.0	4	乌尼内图诺国际网络大学	意大利	6	12.0
5	德国	4	8.0	4	罗马第三大学	意大利	6	12.0
6	加拿大	3	6.0	6	卡塔尼亚大学	意大利	5	10.0
7	俄罗斯	2	4.0	6	华沙理工大学	波兰	5	10.0
8	爱沙尼亚	1	2.0	6	加利福尼亚大学伯克利分校	美国	5	10.0
				9	萨萨里大学	意大利	4	8.0
				10	卡尔加里大学	加拿大	3	6.0
				10	卡利亚里大学	意大利	3	6.0

意大利不仅是该研究前沿核心论文的主要产出国，同时也是施引论文数最多的国家，以 154 篇施引论文位列首位，占施引论文总数的 55.0%。法国、德国和美国分别位列第 2、第 3 和第 4。尽管中国在该领域没有核心论文产出，但积极参与了该领域的跟进研究，施引论文数已经位列第 7，与波兰、加拿大和俄罗斯贡献的施引论文数相当。在机构层面，罗马第一大学和拉奎拉大学在该前沿跟进研究方面实力同样强大，施引论文数远远领先于第 3 名的里昂第一大学（表 10.3）。

表 10.3 “二阶应变梯度理论及其应用”研究前沿中施引论文 Top 产出国家和机构

排名	国家	施引论文 / 篇	比例 /%	排名	机构	国家	施引论文 / 篇	比例 /%
1	意大利	154	55.0	1	罗马第一大学	意大利	59	21.1
2	法国	66	23.6	2	拉奎拉大学	意大利	55	19.6
3	德国	46	16.4	3	里昂第一大学	法国	25	8.9
4	美国	35	12.5	4	巴黎东区大学	法国	19	6.8
5	波兰	19	6.8	5	萨萨里大学	意大利	17	6.1
6	加拿大	17	6.1	6	杜伊斯堡 – 埃森大学	德国	16	5.7
7	中国	16	5.7	6	罗马第三大学	意大利	16	5.7
7	俄罗斯	16	5.7	8	乌尼内图诺国际网络大学	意大利	14	5.0
9	埃及	9	3.2	9	卡尔加里大学	加拿大	13	4.6
9	罗马尼亚	9	3.2	9	马格德堡大学	德国	13	4.6
9	英国	9	3.2					

10.1.3 重点热点前沿——基于超级电容器的储能器件

超级电容器是 20 世纪 60 年代发展起来的一种储能元件，20 世纪 90 年代由于混合电动汽车的兴起而受到广泛关注并开始迅速发展。它比传统电容器具有更大的容量、更高的能量、更大的工作温度范围和更长的使用寿命，故被称为超级电容器。而与蓄电池相比，它又具有较高的功率密度和更好的循环寿命，且对环境无污染。因此，超级电容器结合了传统电容器与电池的优点，是一种应用前景广阔的化学电源。近几年来，它已成功应用在消费电子类产品、能源交通（电动汽车等）、功率补偿等领域，市场规模正在快速扩大。

根据电能的存储与转化机理，超级电容器分为双电层电容和赝电容。双电层电容的电极材料主要为碳材料，赝电容的电极材料主要有过渡金属氧化物、过渡金属氢氧化物和聚合物等。两者的能量密度虽远大于传统电容器，但其能量密度与电池如锂离子电池、镍氢电池等相比还是很低的。因此近年又出现了一种正负极分别采用赝电容材料或电池材料和活性炭材料的混合超级电容器，如 $Li_4Ti_5O_{12}$/AC 体系、锂离子电容器等，并逐渐成为研究热点。

作为超级电容器的核心元件，电极一直是人们研究的重点，本研究前沿也体现了这一点，13 篇核心论文主要集中在为提高超级电容器的电化学性能而进行的电极研究。其中，4 篇核心论文研究了锂离子电容器的电极材料。

从核心论文的产出国家和机构来看（表 10.4），共有 9 个国家参与发表核心论文，其中，中、美、韩三国参与发表的核心论文较多。机构中加利福尼亚大学洛杉矶分校发表的核心论文最多。加利福尼亚大学洛杉矶分校参与发表的 3 篇核心论文，其中两篇论文的被引频次达到 300 次以上，是该前沿的 13 篇核心论文中影响力最大的两篇。

表 10.4 “基于超级电容器的储能器件”研究前沿中 13 篇核心论文的 Top 产出国家和机构

排名	国家	核心论文 / 篇	比例 /%	排名	机构	国家	核心论文 / 篇	比例 /%
1	中国	5	38.5	1	加利福尼亚大学洛杉矶分校	美国	3	23.1
2	美国	4	30.8	2	法国国家科学研究中心	法国	2	15.4
2	韩国	4	30.8	2	图卢兹第三大学	法国	2	15.4
4	法国	2	15.4	2	南洋理工大学	新加坡	2	15.4
4	新加坡	2	15.4	2	全南大学	韩国	2	15.4
6	德国	1	7.7	2	首尔国立大学	韩国	2	15.4
6	意大利	1	7.7					
6	日本	1	7.7					
6	澳大利亚	1	7.7					

从该研究前沿的施引论文情况来看（表 10.5），中国在该领域的参与程度较高，发文量超过施引论文总数的 50%。美、韩也继续保持领先优势，与其在核心论文方面的表现相当。在施引论文的 Top10 机构中，中国有 5 所机构入选，中国科学院排名第 1，贡献了 107 篇施引论文；新加坡的南洋理工大学以 75 篇施引论文排名第 2；清华大学和华中科技大学也有不错表现，分列第 3 和第 4 名。

表 10.5 “基于超级电容器的储能器件”研究前沿中施引论文的 Top 产出国家和机构

排名	国家	施引论文 / 篇	比例 /%	排名	机构	国家	施引论文 / 篇	比例 /%
1	中国	580	54.9	1	中国科学院	中国	107	10.1
2	美国	221	20.9	2	南洋理工大学	新加坡	75	7.1
3	韩国	116	11.0	3	清华大学	中国	35	3.3
4	新加坡	97	9.2	4	华中科技大学	中国	33	3.1
5	印度	73	6.9	5	法国国家科学研究中心	法国	24	2.3
6	德国	44	4.2	5	德雷塞尔大学	美国	24	2.3
7	澳大利亚	41	3.9	5	加利福尼亚大学洛杉矶分校	美国	24	2.3
8	日本	35	3.3	8	南开大学	中国	21	2.0
9	法国	28	2.6	8	武汉理工大学	中国	21	2.0
10	英国	27	2.6	8	全南大学	韩国	21	2.0

第 11 章　经济学、心理学及其他社会科学

11.1　热点前沿及重点热点前沿解读

11.1.1　经济学、心理学及其他社会科学 Top 10 热点前沿发展态势

经济学、心理学及其他社会科学领域位居前 10 位的热点前沿中主要集中在心理学、社会学以及一些交叉学科的研究，其中心理学领域有“士兵、退伍军人等特殊人群身心健康与自杀、酗酒、药物滥用等行为研究”“工作记忆训练及其应用研究”“双语对认知的影响研究”。社会学研究中，“美国平价医疗法案的社会影响”在 2015 年的 Top10 热点前沿后继续成为 2017 年的热点前沿；新的社会问题“人乳头状瘤病毒（HPV）疫苗接种的社会调查”成为 2017 年的热点前沿，体现了医疗卫生领域的社会关注度日益提高。交叉学科近几年来一直是经济学、心理学及其他社会科学中的热点前沿，例如，“精神病患者的健康状况和物理干预措施研究”体现了心理学和临床医学之间的交叉，“人类起源、进化和迁徙的基因组学研究”则是用基因组学研究人类的起源、进化与迁徙，是遗传学与考古学的交叉。

此外，一些经济学、心理学和社会科学中的研究方法及其应用也不断出现在近几年的热点前沿中，如 2014 年的“多区域投入产出分析工具”“实验心理学统计方法”，2015 年的“实验心理学统计方法的可重复性研究”，2016 年的“数据包络分析方法”等。2017 年，“偏最小二乘结构方程模型在商业研究中的应用”和“科研评价方法新进展——替代计量学”两种重要方法的相关研究跻身 Top10 热点前沿（表 11.1 和图 11.1）。

表 11.1 经济学、心理学及其他社会科学 Top 10 热点前沿

排名	热点前沿	核心论文/篇	被引频次	核心论文平均出版年
1	科研评价方法新进展——替代计量学	26	726	2014.2
2	人类起源、进化和迁徙的基因组学研究	38	3069	2014.1
3	精神病患者的健康状况和物理干预措施研究	24	1565	2014.1
4	美国平价医疗法案的社会影响	22	1137	2014.1
5	经济衰退对人口健康的影响	29	1260	2014
6	人乳头状瘤病毒（HPV）疫苗接种的社会调查	9	702	2014
7	士兵、退伍军人等特殊人群身心健康与自杀、酗酒、药物滥用等行为研究	26	1162	2013.9
8	偏最小二乘结构方程模型在商业研究中的应用	12	833	2013.9
9	工作记忆训练及其应用研究	22	1888	2013.8
10	双语对认知的影响研究	19	1225	2013.7

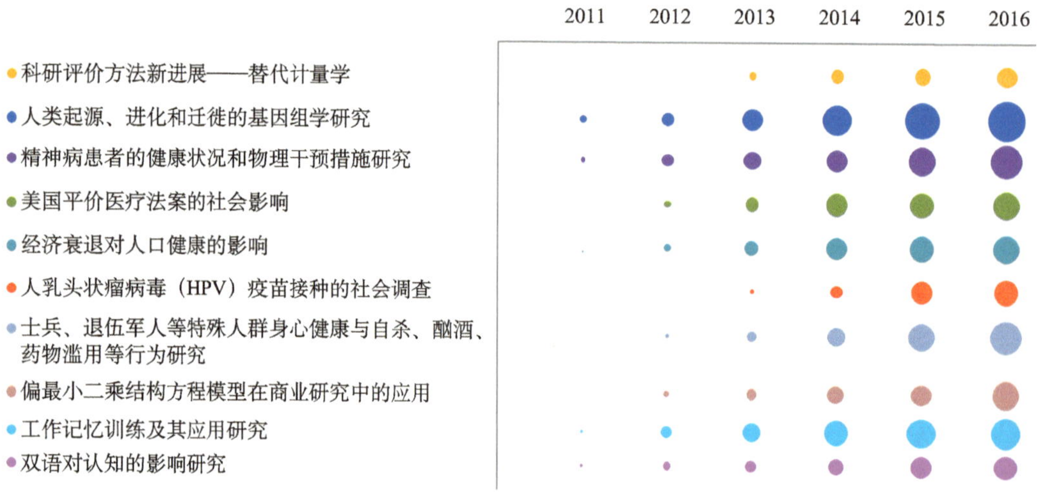

图 11.1 经济学、心理学及其他社会科学 Top10 热点前沿的施引论文

11.1.2 重点热点前沿——人类起源、进化和迁徙的基因组学研究

在过去的研究中，科学家对现代人类的出现和扩散的研究主要依靠考古学和古生物学的数据。然而，仅通过这些数据，很难确定不同人群之间的遗传关系。并且，考古学研究很难阐释文明的传播到底是由人群迁移还是思想传播造成的。20 世纪 80 年代，DNA 数据的出现，使得科学家可以用大量分子遗传数据对不同人类起源理论进行直接的检验。人类起源、进化和迁徙的基因组学研究通过对现代人以及古人基因组数据的研究，可以直接确定

不同人群的系谱关系、迁移路径以及基因混合的情况。

从遗传学的角度，利用基因测序方法，尤其是线粒体 DNA（mtDNA）和其他简单分子标记的研究使得“走出非洲”和“非洲一源论”假说被广泛接纳，该假说认为所有的现代人类起源于非洲并由此向外扩张。“人类起源、进化和迁徙的基因组学研究”热点前沿共有 38 篇核心论文，其中有 7 篇文章直接与人类“走出非洲”的迁徙原因、过程以及变化相关。

基于基因组的证据表明，“走出非洲”的现代人曾经遭遇过尼安德特人，并且与之混血。迄今，科学家们研究过的全球除非洲以外的个体都含有大约 2% 的尼安德特人的基因组序列，这说明他们之间的混血主要发生在现代人类刚走出非洲之后不久。该热点前沿中有 13 篇文章与尼安德特人相关，现有研究几乎已经确定非洲以外的现代人都是尼安德特人与非洲智人的混血后裔。在这 13 篇与尼安德特人相关的文章中，有 4 篇与西班牙 Sima de los Huesos（SH）遗址的化石发现相关，Sima de los Huesos 洞穴遗址的数据能让科学家们更好地理解古人类在中更新世的演化，也可为尼安德特人的起源和演化提供线索。

该热点前沿的其他研究方向还包括：①一些技术和方法问题，例如时间对 DNA 的降解模型、mapDamage、DNA 文库制备方法等，其中提出 DNA 文库制备方法的文章发表于 2012 年的 *Science* 期刊上，是该前沿被引频次最高的文章，截至数据获取时间有 398 次被引；②利用基因组学研究的其他人类起源问题，例如美洲原著居民的起源、现代欧洲人的起源；③人类自身进化问题，例如先天免疫基因演化、西藏人对高原缺氧环境的适应性等。

该研究前沿核心论文中有 27 篇来自美国，约占所有论文的 71.1%，德国、中国分别以 18 篇和 16 篇核心论文排名第 2 和第 3。英国、西班牙、法国、俄罗斯也均贡献了 10 篇及以上的论文，这些国家都是该领域研究实力较强的国家。从机构层面分析，马普学会的核心论文最多，有 15 篇，中国科学院紧随其后，贡献了 13 篇论文。排名前 10 的机构中美国有 5 所机构，分别是哈佛大学、博德研究所、霍华德·休斯医学研究所、加利福尼亚大学伯克利分校、埃默里大学。德国有两所机构，除了马普学会，还有图宾根大学。其他国家各仅有 1 所机构进入 Top10 机构之列（表 11.2）。

表 11.2 “人类起源、进化和迁徙的基因组学研究”研究前沿中 38 篇核心论文的 Top 产出国家和机构

排名	国家	核心论文 / 篇	比例 /%	排名	机构	国家	核心论文 / 篇	比例 /%
1	美国	27	71.1	1	马普学会	德国	15	39.5
2	德国	18	47.4	2	中国科学院	中国	13	34.2
3	中国	16	42.1	3	哈佛大学	美国	11	28.9

续表

排名	国家	核心论文 / 篇	比例 /%	排名	机构	国家	核心论文 / 篇	比例 /%
4	英国	14	36.8	4	俄罗斯科学院	俄罗斯	10	26.3
5	西班牙	12	31.6	4	博德研究所	美国	10	26.3
5	法国	12	31.6	6	霍华德·休斯医学研究所	美国	8	21.1
7	俄罗斯	10	26.3	6	加利福尼亚大学伯克利分校	美国	8	21.1
8	澳大利亚	8	21.1	8	哥本哈根大学	丹麦	7	18.4
8	丹麦	8	21.1	8	图宾根大学	德国	7	18.4
10	加拿大	7	18.4	10	阿德雷德大学	澳大利亚	6	15.8
				10	马德里康普顿斯大学	西班牙	6	15.8
				10	牛津大学	英国	6	15.8
				10	埃默里大学	美国	6	15.8

从施引论文来看（表 11.3），美国以 712 篇施引论文位居首位，占所有施引论文的 45.5%，是位列第 2 名英国的近 2 倍。德国以 276 篇施引论文排名第 3。而中国贡献了 119 篇施引论文，排名第 8，排名远低于核心论文的第 3 名。机构方面，德国的马普学会发表施引论文 135 篇，是施引论文产出最多的机构，哥本哈根大学、牛津大学、哈佛大学、剑桥大学和加利福尼亚大学伯克利分校紧随其后。中国科学院和俄罗斯科学院的施引论文都是 60 篇，排名并列第 7。

表 11.3 “人类起源、进化和迁徙的基因组学研究”研究前沿中施引论文 Top 产出国家和机构

排名	国家	施引论文 / 篇	比例 /%	排名	机构	国家	施引论文 / 篇	比例 /%
1	美国	712	45.5	1	马普学会	德国	135	8.6
2	英国	392	25.0	2	哥本哈根大学	丹麦	104	6.6
3	德国	276	17.6	3	牛津大学	英国	99	6.3
4	法国	202	12.9	4	哈佛大学	美国	84	5.4
5	西班牙	201	12.8	5	剑桥大学	英国	83	5.3
6	澳大利亚	166	10.6	6	加利福尼亚大学伯克利分校	美国	77	4.9
7	丹麦	126	8.1	7	中国科学院	中国	60	3.8
8	中国	119	7.6	7	俄罗斯科学院	俄罗斯	60	3.8
9	意大利	115	7.3	9	伦敦大学学院	英国	59	3.8
10	加拿大	105	6.7	10	图宾根大学	德国	49	3.1
				10	霍华德·休斯医学研究所	美国	49	3.1

11.1.3 重点热点前沿——人乳头状瘤病毒（HPV）疫苗接种的社会调查

人乳头状瘤病毒（HPV）是一种嗜上皮性病毒，在人和动物中分布广泛，有高度的特异性，可导致皮肤感染和人体其他部位的黏膜感染。目前有100多种不同类型的HPV。不同类型的HPV会感染身体的不同部位。例如，有些类型的HPV可导致生殖器部位长疣，其他类型可导致子宫颈、外阴、肛门、阴茎、口腔和喉咙细胞异常，有时导致癌症，例如宫颈癌。美国疾病控制与预防中心数据显示，HPV的感染非常常见，目前，美国约有7900万人口已感染HPV，且每年约有1400万新增感染人口，HPV被认为是美国最常见的性传播疾病。

HPV疫苗是2006年由美国食品药品监督管理局（FDA）批准上市，并获得世界卫生组织（WHO）的认可，2007年在美国常规使用。WHO 2014年发布指南，呼吁大家接种宫颈癌疫苗，认为这种方式和定期的宫颈筛查是有效防控宫颈癌的措施。美国是最早开展接种HPV疫苗的国家，并且美国疾病控制与预防中心建议所有11～12岁的男孩和女孩都接种三剂HPV疫苗，该疫苗在预防引发癌症的HPV类型方面有显著效果。在*Journal of Infectious Diseases*期刊发表的相关研究文章显示，自2006年引进该疫苗后，14～19岁已接种疫苗的女性青少年患HPV的情况已下降56%。

“人乳头状瘤病毒（HPV）疫苗接种的社会调查”热点前沿共有9篇核心论文，全部来自美国，主要是对美国HPV疫苗接种情况的社会调查（表11.4）。美国疾病控制与预防中心的核心论文最多，为4篇，约占到论文总数的44.4%，其次是辛辛那提儿童医院医学中心、哈佛大学、北卡罗来纳大学教堂山分校等。

表11.4 “人乳头状瘤病毒（HPV）疫苗接种的社会调查”研究前沿中9篇核心论文的Top产出国家和机构

排名	国家	核心论文/篇	比例/%	排名	机构	国家	核心论文/篇	比例/%
1	美国	9	100.0	1	美国疾病控制与预防中心	美国	4	44.4
				2	辛辛那提儿童医院医学中心	美国	2	22.2
				2	哈佛大学	美国	2	22.2
				2	北卡罗来纳大学教堂山分校	美国	2	22.2
				5	密歇根大学	美国	2	22.2
				5	埃默里大学	美国	1	11.1
				5	霍华德·休斯医学研究所	美国	1	11.1
				5	印第安纳大学与普渡大学印第安纳波利斯联合分校	美国	1	11.1

续表

排名	国家	核心论文 / 篇	比例 /%	排名	机构	国家	核心论文 / 篇	比例 /%
				5	约翰・霍普金斯大学	美国	1	11.1
				5	路易斯安那州立大学	美国	1	11.1
				5	莫菲特癌症中心和研究所	美国	1	11.1
				5	辛辛那提大学	美国	1	11.1
				5	南佛罗里达大学	美国	1	11.1

由于核心论文主要是对美国 HPV 疫苗接种情况的社会调查，因此施引论文的 85% 来自美国。施引论文在 10 篇及以上的其他国家包括加拿大、英国、法国、澳大利亚和意大利。Top10 机构同样都来自美国。其中美国疾病控制与预防中心是拥有施引论文最多的机构，有 64 篇，占所有施引论文的 13.6%，是排在第 2 位的北卡罗来纳大学教堂山分校的两倍多，这表明美国疾病控制与预防中心是该热点前沿的主要贡献者和研究者。哈佛大学和印第安纳大学与普渡大学印第安纳波利斯联合分校分别贡献了 28 篇和 22 篇施引论文（表 11.5）。

表 11.5 “人乳头状瘤病毒（HPV）疫苗接种的社会调查”研究前沿中施引论文的 Top 产出国家和机构

排名	国家	施引论文 / 篇	比例 /%	排名	机构	国家	施引论文 / 篇	比例 /%
1	美国	401	85.0	1	美国疾病控制与预防中心	美国	64	13.6
2	加拿大	24	5.1	2	北卡罗来纳大学教堂山分校	美国	31	6.6
3	英国	14	3.0	3	哈佛大学	美国	28	5.9
4	法国	13	2.8	4	印第安纳大学与普渡大学印第安纳波利斯联合分校	美国	22	4.7
5	澳大利亚	11	2.3	5	埃默里大学	美国	18	3.8
6	意大利	10	2.1	5	美国国立卫生研究院	美国	18	3.8
7	德国	9	1.9	7	波士顿大学	美国	13	2.8
8	日本	7	1.5	7	南佛罗里达大学	美国	13	2.8
8	荷兰	7	1.5	9	辛辛那提儿童医院医学中心	美国	12	2.5
8	西班牙	7	1.5	9	莫菲特癌症中心和研究所	美国	12	2.5

第 12 章　2017 研究前沿热度指数

科技创新是国家发展战略的核心，面对科技创新发展新趋势，世界主要国家都在寻找科技创新的突破口，抢占未来经济发展的先机。《2017 研究前沿》报告遴选出 10 个领域的 100 个热点前沿和 43 个新兴前沿，并对重要的前沿进行了解读分析。在《2017 研究前沿》报告的基础上，本章用研究前沿热度指数来评价世界主要国家 2017 年在 10 个领域的 100 个热点前沿和 43 个新兴前沿的研究活跃程度。

12.1　研究前沿热度指数指标体系

研究前沿热度指数是衡量研究前沿活跃程度的综合评估指标。由于研究前沿本身是由一组高被引的核心论文和一组共同引用核心论文的施引论文共同组成的，因此，在研究前沿热度指数的设计中，重点考虑了构成研究前沿的科技论文的产出规模和影响力，并分别采用贡献度和影响度两个指标来表征，其底层是构成研究前沿的核心论文数和施引论文数。本书构建的研究前沿热度指数三级指标体系见图 12.1。

（1）研究前沿热度指数的测度对象可以是国家、机构、实验室、团队以及科学家个人等。研究前沿热度指数分析，从微观到宏观，又可以分为特定研究前沿分析、特定领域分析和十领域综合分析。本书重点从国家角度评估各国的科技创新活跃程度，并从十领域综合层面、特定领域层面和特定研究前沿层面进行对比分析。

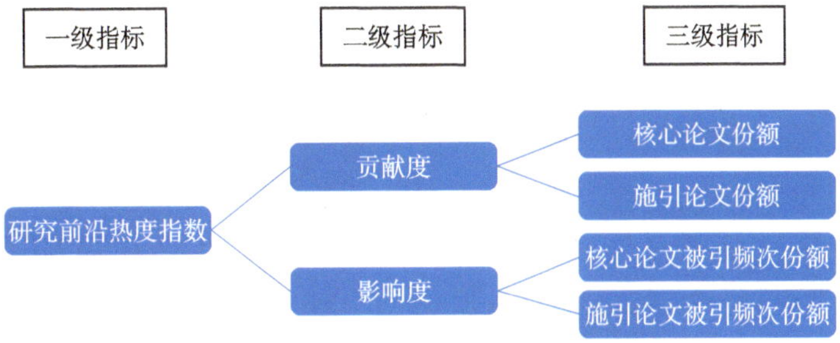

图 12.1　研究前沿热度指数三级指标体系

国家研究前沿热度指数三级指标体系及各级指标计算方法如下。

一级指标：国家研究前沿热度指数

国家研究前沿热度指数是对研究前沿有贡献国家的核心论文和施引论文产出规模和影响力的综合评估指标，具体计算方法为

国家研究前沿热度指数＝国家贡献度＋国家影响度

二级指标包括两个指标：国家贡献度和国家影响度

国家贡献度是一个国家对研究前沿贡献的论文数量的相对份额，包括国家参与发表的核心论文占前沿中所有核心论文的份额，以及施引论文占前沿中所有施引论文的份额，具体计算方法为

国家贡献度＝国家核心论文份额＋国家施引论文份额

国家影响度是一个国家对研究前沿贡献的论文被引频次的相对份额，包括国家参与发表的核心论文的被引频次占前沿中所有核心论文的被引频次的份额，以及施引论文的被引频次占前沿中所有施引论文被引频次的份额，具体计算方法为

国家影响度＝国家核心论文被引频次份额＋国家施引论文被引频次份额

三级指标：国家核心论文份额、国家施引论文份额、国家核心论文被引频次份额和国家施引论文被引频次份额，具体计算方法为

国家核心论文份额＝国家核心论文数/前沿核心论文总数

国家施引论文份额＝国家施引论文数/前沿施引论文总数

国家核心论文被引频次份额＝国家核心论文被引频次/前沿核心论文被引频次

国家施引论文被引频次份额＝国家施引论文被引频次/前沿施引论文被引频次

（2）国家研究前沿热度指数分析从特定研究前沿、特定领域到十领域综合层层递进，分析方法如下。①特定研究前沿分析：对于一个研究前沿，根据国家研究前沿热度指数三级指标体系及各级指标计算方法，分别计算出所有参与国家的研究前沿热度指数，并进行排名和对比分析。②特定领域分析：对于一个研究领域，分别对所有参与国家在领域内所有研究前沿的国家研究前沿热度指数得分进行加和，得到各国在特定领域的国家研究前沿热度指数，并进行排名和对比分析。③十领域综合分析：对于由 10 个领域的 143 个研究前沿构成的整体，分别对所有参与国家在各个领域的国家研究前沿热度指数得分进行加和，得到各国在十领域综合层面的国家研究前沿热度指数，并进行排名和对比分析。

最终推出各国在 2017 年遴选出的 143 个研究前沿中的研究前沿热度指数得分和排名，并从十领域综合到特定领域、特定研究前沿进行宏观对比和具体分析，揭示各国领先研究前沿的领域结构特征，分析各国特定领域和特定研究前沿的活跃程度，从而发现各国研究活力来源。

12.2 国家研究前沿热度指数十领域综合排名

综合十大领域，公布各国研究前沿热度指数得分和排名，从而揭示各国领先研究前沿的领域结构特征。

12.2.1 美国冠领全球，中国稳居第二，英、德紧随其后

在十领域综合层面，美国表现突出，研究前沿热度指数得分为281.11分，位居全球首位。中国以118.84分位居第2。英国和德国的研究前沿热度指数得分分别为96.90分和90.98分，排名第3和第4。中国、英国和德国的得分非常接近，基本处于同一个梯级。法国、加拿大、意大利、澳大利亚、西班牙、瑞士、荷兰和日本等8个国家的研究前沿热度指数得分在35.65～60.08分，排在第5～12名。排名第12的日本研究前沿热度指数为35.65分，而排名第13的印度为21.82分，二者之间形成断层。排名在第13～20的国家得分比较接近，在13.86～21.82分（图12.2和表12.1）。

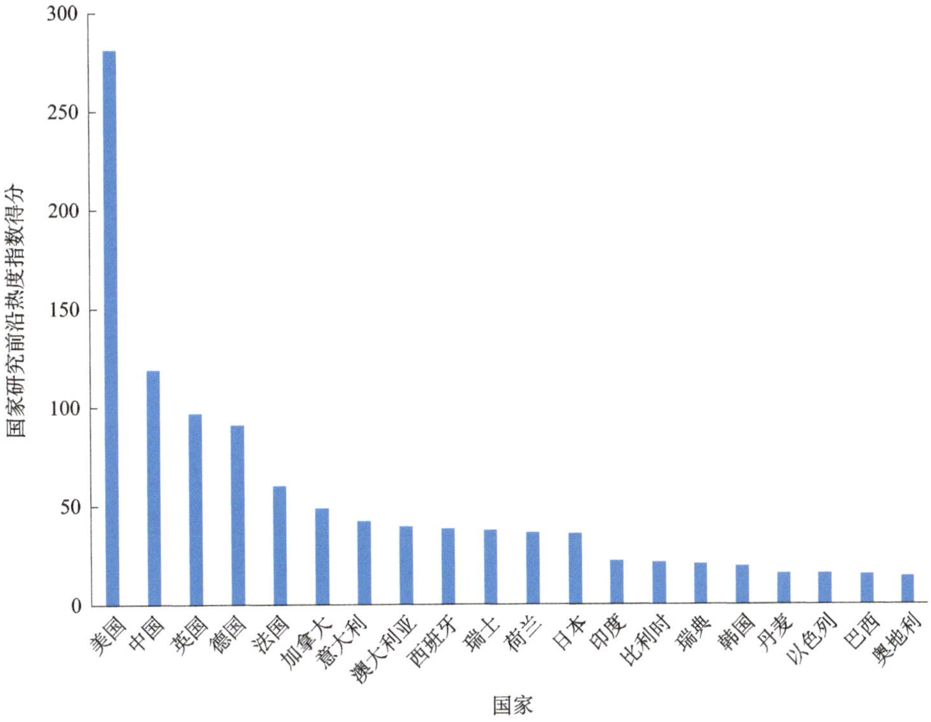

图12.2 十领域综合层面的Top20国家研究前沿热度指数得分情况

表12.1 十领域综合层面的Top20国家研究前沿热度指数得分及排名

国家	国家研究前沿热度指数		国家贡献度		国家影响度	
	得分	排名	得分	排名	得分	排名
美国	281.11	1	131.18	1	149.92	1

续表

国家	国家研究前沿热度指数		国家贡献度		国家影响度	
	得分	排名	得分	排名	得分	排名
中国	118.84	2	61.05	2	57.79	2
英国	96.90	3	43.82	3	53.09	3
德国	90.98	4	41.67	4	49.31	4
法国	60.08	5	26.49	5	33.59	5
加拿大	48.60	6	20.96	6	27.63	6
意大利	42.16	7	18.96	7	23.21	7
澳大利亚	39.40	8	17.70	8	21.70	8
西班牙	38.33	9	17.19	9	21.14	10
瑞士	37.43	10	15.94	11	21.49	9
荷兰	36.09	11	15.70	12	20.39	11
日本	35.65	12	16.50	10	19.15	12
印度	21.82	13	9.80	13	12.02	14
比利时	21.02	14	8.58	16	12.44	13
瑞典	20.21	15	9.01	15	11.20	15
韩国	19.00	16	9.06	14	9.94	16
丹麦	15.51	17	6.45	18	9.06	18
以色列	15.47	18	6.28	19	9.19	17
巴西	14.83	19	6.66	17	8.18	19
奥地利	13.86	20	5.80	20	8.06	20

国家研究前沿热度指数由国家贡献度和国家影响度组成，从表 12.1 可以看出三个指标前 8 名的国家完全重合，且位次完全一致。第 9～20 名的国家三个指标也基本重合，只是位次略有不同。

12.2.2 美、德领先研究前沿十领域相对均衡，中、英部分领域突出

美国在 10 个领域中，除了化学与材料科学领域和数学、计算机科学与工程领域，8 个领域的研究前沿热度指数得分均排名第 1。中国则在化学与材料科学领域和数学、计算机科学与工程领域这两个领域排名第 1。中国在农业、植物学和动物学领域，生态与环境科学领域，地球科学领域，生物科学领域和物理学领域等 5 个领域排在第 2～4 名，但在临床医学领域、天文学与天体物理学领域、经济学、心理学及其他社会科学领域等 3 个领域排名在第 10、第 11 和第 9（表 12.2）。

表 12.2 十领域综合及分领域层面的 Top20 国家研究前沿热度指数得分及排名

国家	十领域综合		农业、植物学和动物学		生态与环境科学		地球科学		临床医学		生物科学		化学与材料科学		物理学		天文学与天体物理学		数学、计算机科学与工程		经济学、心理学及其他社会科学	
	得分	排名	得分	排名	得分	排名	得分	排名	得分	排名	得分	排名	得分	排名	得分	排名	得分	排名	得分	排名	得分	排名
美国	281.11	1	20.49	1	15.45	1	27.18	1	44.49	1	47.02	1	25.69	2	29.56	1	39.16	1	7.65	2	24.41	1
中国	118.84	2	9.27	2	10.02	2	9.70	3	4.07	10	8.68	4	38.80	1	14.33	3	6.84	11	14.69	1	2.45	9
英国	96.90	3	6.59	5	4.58	3	10.96	2	15.78	2	8.80	3	8.25	3	9.46	4	21.91	2	1.61	12	8.96	2
德国	90.98	4	5.67	6	2.32	9	9.51	4	13.59	3	9.01	2	7.38	5	16.53	2	17.36	3	3.06	5	6.55	3
法国	60.08	5	6.65	4	2.56	7	6.58	5	9.54	4	6.76	5	2.88	13	6.45	6	14.12	4	2.97	6	1.58	11
加拿大	48.60	6	4.67	7	3.12	4	6.00	6	7.10	5	3.33	9	2.49	15	7.05	5	9.90	7	1.27	15	3.67	6
意大利	42.16	7	4.44	9	1.59	11	1.90	14	5.42	8	3.12	10	1.82	19	5.82	7	11.94	5	4.18	3	1.93	10
澳大利亚	39.40	8	7.03	3	3.01	5	4.26	7	4.26	9	3.00	11	2.85	14	2.04	18	7.62	9	1.75	11	3.57	7
西班牙	38.33	9	4.40	10	2.47	8	1.08	19	3.20	12	1.57	15	4.70	6	5.10	10	11.64	6	0.22	25	3.94	5
瑞士	37.43	10	3.60	11	1.40	14	3.77	8	6.54	6	5.57	6	2.91	12	5.77	8	6.33	12	0.25	24	1.30	12
荷兰	36.09	11	4.64	8	1.52	12	1.28	17	6.16	7	4.29	7	2.46	17	3.79	11	7.54	10	0.07	35	4.37	4
日本	35.65	12	2.16	14	1.19	17	3.23	9	1.55	20	2.84	12	8.21	4	5.72	9	9.59	8	0.84	17	0.32	29
印度	21.82	13	1.89	17	2.61	6	1.39	15	0.82	28	0.42	26	3.81	9	2.96	15	5.42	15	1.83	10	0.67	18
比利时	21.02	14	1.92	16	1.48	13	0.50	25	3.86	11	1.33	17	4.19	7	2.00	19	2.53	27	0.51	20	2.72	8
瑞典	20.21	15	1.18	23	1.20	16	2.49	11	2.21	17	2.42	13	3.22	11	1.67	21	4.48	16	0.11	31	1.26	13
韩国	19.00	16	0.96	25	0.77	20	0.86	21	2.29	16	1.23	18	3.71	10	3.37	13	3.88	21	1.56	13	0.37	27
丹麦	15.51	17	1.06	24	0.98	19	1.27	18	2.36	14	1.51	16	0.09	37	1.03	25	6.00	14	0.05	38	1.16	14
以色列	15.47	18	0.83	28	0.07	45	0.34	30	1.51	21	4.14	8	1.59	21	2.16	16	4.23	19	0.02	47	0.59	21
巴西	14.83	19	2.01	15	0.39	25	0.86	20	2.54	13	1.71	14	1.72	20	1.94	20	3.11	25	0.16	27	0.38	26
奥地利	13.86	20	1.80	20	0.21	31	2.32	13	1.27	23	0.70	23	0.18	32	2.12	17	4.43	17	0.03	43	0.79	16

在 10 个领域 100 个热点前沿和 43 个新兴前沿中，美国研究前沿热度指数排名第 1 的前沿有 86 个，占全部 143 个前沿的 60.14%（约 3/5）。中国排名第 1 的前沿数为 25 个，占 17.48%（约 1/5）。英国和德国仅有 5 个前沿排名第 1（表 12.3）。

表 12.3　十领域综合层面的 Top5 国家在 143 个研究前沿中研究前沿热度指数得分排名第 1 的研究前沿数量和比例

领域	研究前沿数	排名第 1 前沿数					比例 /%				
		美国	中国	英国	德国	法国	美国	中国	英国	德国	法国
十领域综合	143	86	25	5	5	3	60.14	17.48	3.50	3.50	2.10
农业、植物学和动物学	11	6	1	0	0	0	54.55	9.09	0	0	0
生态与环境科学	10	5	2	1	0	0	50.00	20.00	10.00	0	0
地球科学	11	9	1	0	0	0	81.82	9.09	0	0	0
临床医学	19	14	0	0	2	2	73.68	0	0	10.53	10.53
生物科学	19	17	1	0	0	1	89.47	5.26	0	0	5.26
化学与材料科学	26	6	12	1	0	0	23.08	46.15	3.85	0	0
物理学	15	9	2	1	3	0	60.00	13.33	6.67	20.00	0
天文学与天体物理学	12	12	0	0	0	0	100	0	0	0	0
数学、计算机科学与工程	10	1	6	0	0	0	10.00	60.00	0	0	0
经济学、心理学及其他社会科学	10	7	0	2	0	0	70.00	0	20.00	0	0

10 个领域中，美国排名第 1 前沿数较少的领域是化学与材料科学领域，以及数学、计算机科学与工程领域，这两个领域仅有 23.08% 和 10.00% 的前沿排名第 1。而其他领域美国至少有 50% 及以上的前沿排名第 1，例如生态与环境科学领域 10 个前沿中有 5 个排名第 1，而在天文学与天体物理学领域，美国则包揽了所有的 12 个前沿的第 1 名。

中国在数学、计算机科学与工程领域有 60.00% 的前沿排名第 1，在化学与材料科学领域则有 46.15% 的前沿排名第 1，这两个领域也是中国高度活跃的优势领域。但在临床医学领域、天文学与天体物理学领域和经济学、心理学及其他社会科学领域等 3 个领域没有排名第 1 的研究前沿。

从排名前三的前沿数来看（表 12.4），美国有 85.31% 的前沿（122 个）排名前三。中国、英国和德国在这个方面比较接近，分别有 55 个、56 个和 50 个前沿排名前三（占全部 143 个前沿的 1/3 以上）。

表 12.4 十领域综合层面的 Top5 国家在 143 个研究前沿中国家研究前沿热度指数排名前三的研究前沿数量和比例

领域	研究前沿数	排名前三前沿数					比例 /%				
		美国	中国	英国	德国	法国	美国	中国	英国	德国	法国
十领域综合	143	122	55	56	50	21	85.31	38.46	39.16	34.97	14.69
农业、植物学和动物学	11	8	4	3	3	4	72.73	36.36	27.27	27.27	36.36
生态与环境科学	10	9	4	4	2	2	90.00	40.00	40.00	20.00	20.00
地球科学	11	10	3	7	4	4	90.91	27.27	63.64	36.36	36.36
临床医学	19	19	1	11	7	3	100.00	5.26	57.89	36.84	15.79
生物科学	19	19	6	6	9	2	100.00	31.58	31.58	47.37	10.53
化学与材料科学	26	17	21	4	4	0	65.38	80.77	15.38	15.38	0
物理学	15	13	7	4	8	2	86.67	46.67	26.67	53.33	13.33
天文学与天体物理学	12	12	1	9	6	1	100.00	8.33	75.00	50.00	8.33
数学、计算机科学与工程	10	5	8	0	3	2	50.00	80.00	0	30.00	20.00
经济学、心理学及其他社会科学	10	10	0	8	4	1	100.00	0	80.00	40.00	10.00

分领域来看，美国在 8 个领域排名前三的前沿占比均在 70%～100%，在化学与材料科学领域也占到了约 65.38%，在数学、计算机科学与工程领域排名前三的前沿比例最低，为 50.00%。

中国在化学与材料科学领域，以及数学、计算机科学与工程领域这两个领域表现最活跃，这两个领域排名前三的研究前沿均占到 80% 及以上。

英国在地球科学领域、临床医学领域、天文学与天体物理学领域和经济学、心理学及其他社会科学领域等 4 个领域均有接近 60% 或 60% 以上的前沿排名前三，这 4 个领域是英国的优势领域。

从图 12.3 可以看出，中国和英国在优势领域和劣势领域完全相反，形成了此消彼长的“剪刀差”现象，中国在化学与材料科学领域，以及数学、计算机科学与工程领域表现最活跃，而英国在这两个领域则表现一般。而临床医学领域、天文学与天体物理学领域和经济学、心理学及其他社会科学领域等 3 个领域，英国表现比较活跃，而中国在这 3 个领域则表现不够活跃。地球科学领域也是英国表现活跃的优势领域，而中国则表现一般。其他 4 个领域包括生物科学领域，农业、植物学和动物学领域，生态与环境科学领域和物理学领域，中国和英国相差不大。

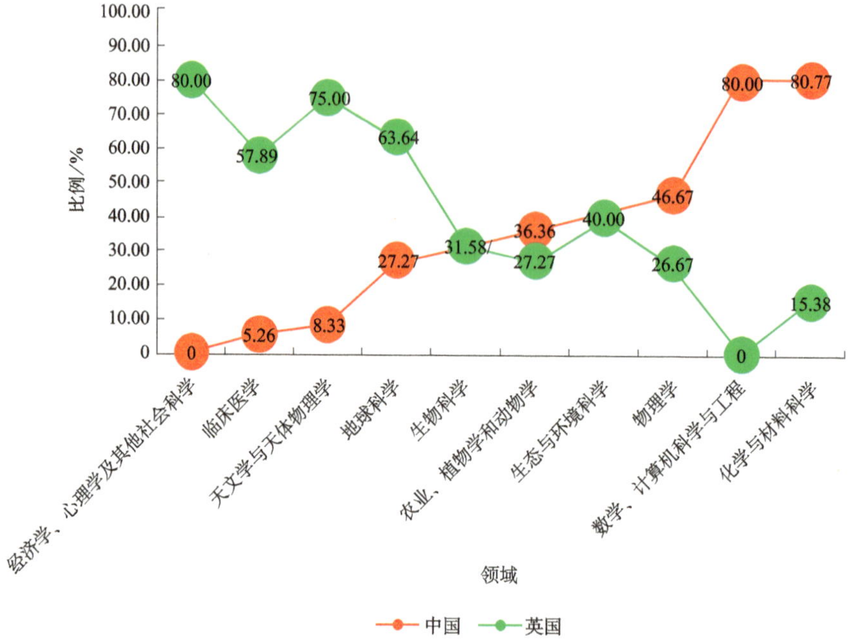

图 12.3 中国和英国在 143 个前沿中研究前沿热度指数排名前三的研究前沿比例

德国只有物理学领域排名前三的前沿所占比例为 53.33%，其他 9 个领域排名前三的前沿所占的比例均在 50% 及以下。

相对于中国和英国有比较明显相对活跃的领域来说，美国和德国则在 10 个领域中表现比较均衡（图 12.4）。

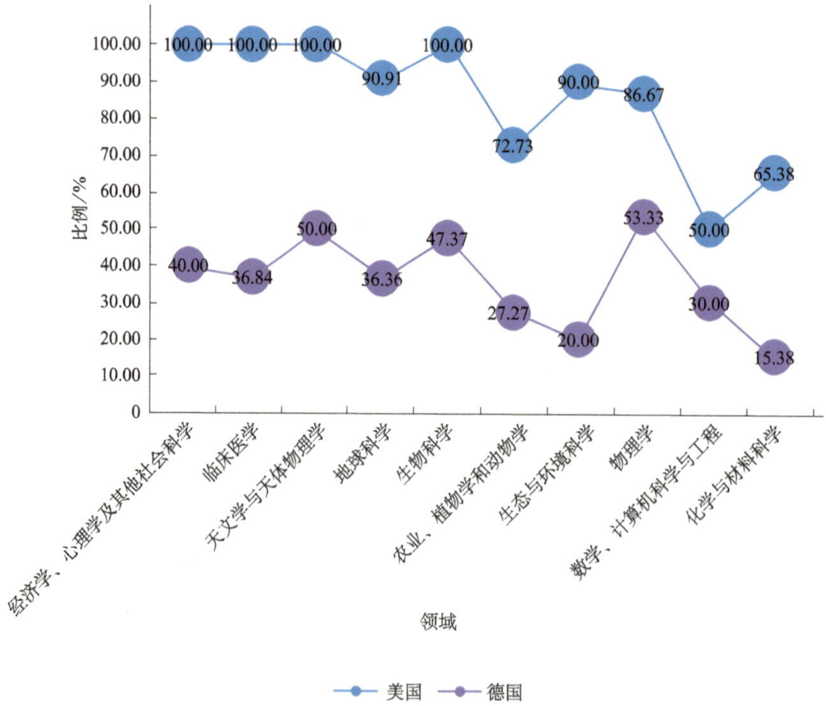

图 12.4 美国和德国在 143 个前沿中研究前沿热度指数排名前三的研究前沿比例

12.3 国家研究前沿热度指数分领域分析

分 10 个领域，悉数各国研究前沿热度指数得分和排名，探讨各国特定领域和特定研究前沿的活跃程度，发现各国科技创新活力的来源。

12.3.1 农业、植物学和动物学领域：美国第 1，中国第 2，澳大利亚第 3

农业、植物学和动物学领域，美国的研究前沿热度指数得分为 20.49 分，排名第 1，表现最活跃。中国得分为 9.27 分，排名第 2。澳大利亚得分为 7.03 分，排名第 3。其次是法国和英国。从表 12.5 可以看出，Top5 国家的研究前沿热度指数的两个二级指标国家贡献度和国家影响度的排名与研究前沿热度指数的排名完全一致。在三级指标上 5 个国家的排名略有不同，但基本上 5 个国家都在前 6 名。

表 12.5 农业、植物学和动物学领域 Top5 国家研究前沿热度指数及分指标得分与排名

指标体系	指标名称	得分					排名				
		美国	中国	澳大利亚	法国	英国	美国	中国	澳大利亚	法国	英国
一级指标	国家研究前沿热度指数	20.49	9.27	7.03	6.65	6.59	1	2	3	4	5
二级指标	国家贡献度	9.55	4.77	3.15	2.82	2.79	1	2	3	4	5
三级指标	核心论文份额	5.91	2.45	2.11	1.81	1.82	1	2	3	5	4
	施引论文份额	3.64	2.32	1.04	1.02	0.96	1	2	4	5	6
二级指标	国家影响度	10.94	4.50	3.89	3.83	3.81	1	2	3	4	5
三级指标	核心论文被引频次份额	6.20	2.30	2.35	2.40	2.22	1	4	3	2	5
	施引论文被引频次份额	4.74	2.20	1.54	1.42	1.58	1	2	4	6	3

在该领域的 11 个前沿中（表 12.6），美国在热点前沿 1、2、4、5、8、9 等 6 个前沿的研究前沿热度指数得分排名第 1，约占该领域前沿的 55%。中国只在热点前沿 6“棉花基因组序列与重要性状 QTL 分析”1 个热点前沿排名第 1。澳大利亚排名第 1 的前沿有 2 个，即热点前沿 3“植物中钾离子的吸收、传输与植物耐盐胁迫的生理机制和调控”和热点前沿 10“全球土壤碳高分辨率地图”。

排名前三的前沿，美国有 8 个，约占该领域前沿的 73%，中国和澳大利亚都是 4 个，约占 36%，表现高度活跃。中国在热点前沿 1“植物基因组编辑技术及其在农作物中的应用研究”、热点前沿 3“植物中钾离子的吸收、传输与植物耐盐胁迫的生理机制和调控”和热点前沿 7“子囊菌和半知菌的分类学与系统发育学”排在第 2～3 名。澳大利亚在热点前沿 4“海洋渔业资源评估及基于生态系统的管理策略”和热点前沿 6“棉花基因组序列与重要性状 QTL 分析”排在第 2～3 名。

表 12.6 农业、植物学和动物学领域 Top5 国家 11 个前沿的研究前沿热度指数得分及排名

类型和序号	前沿名称	核心论文 / 篇	被引频次	核心论文平均出版年	研究前沿热度指数得分					排名				
					美国	中国	澳大利亚	法国	英国	美国	中国	澳大利亚	法国	英国
领域汇总					20.49	9.27	7.03	6.65	6.59	1	2	3	4	5
热点前沿 1	植物基因组编辑技术及其在农作物中的应用研究	44	2227	2014.5	2.26	1.15	0.11	0.14	0.29	1	2	7	6	5
热点前沿 2	斑翅果蝇的入侵生物学研究	23	850	2014.2	2.61	0.23	0.03	0.68	0.17	1	7	17	3	11
热点前沿 3	植物中钾离子的吸收、传输与植物耐盐胁迫的生理机制和调控	18	809	2014.1	0.19	0.49	1.72	0.31	0.40	12	3	1	8	6
热点前沿 4	海洋渔业资源评估及基于生态系统的管理策略	36	2312	2013.9	2.42	0.03	1.16	0.60	0.97	1	28	2	6	4
热点前沿 5	植物 DNA 甲基化的调控机理及其作用	11	1115	2013.9	2.90	0.44	0.24	0.52	0.32	1	4	8	2	5
热点前沿 6	棉花基因组序列与重要性状 QTL 分析	7	829	2013.9	2.82	3.28	0.78	0.16	0.16	2	1	3	10	11
热点前沿 7	子囊菌和半知菌的分类学与系统发育学	33	1933	2013.8	1.37	2.25	0.67	0.47	0.91	5	2	14	19	9
热点前沿 8	植物细胞壁纤维素的生物合成机理	23	1163	2013.8	2.15	0.14	0.20	0.62	0.82	1	12	9	3	2
热点前沿 9	丛枝菌根的共生关系及营养与信号机制研究	14	1025	2013.8	1.75	0.38	0.49	0.78	1.05	1	10	8	5	3
热点前沿 10	全球土壤碳高分辨率地图	10	605	2013.8	1.34	0.37	1.52	0.83	1.43	3	11	1	5	2
新兴前沿 1	树木年轮分析及其在环境气候变化研究中的应用	15	160	2015.7	0.69	0.50	0.10	1.54	0.07	7	12	16	3	19

12.3.2 生态与环境科学领域：美、中优势突出，中国远超英国

生态与环境科学领域，美国的研究前沿热度指数得分为15.45分，排名第1，表现最活跃。中国得分为10.02分，排名第2，表现高度活跃。第3名是英国，得分为4.58分，与前两名的得分差距显著。排名前三的美国、中国和英国在一级指标、二级指标和三级指标上排名完全一致（表12.7）。

表12.7 生态与环境科学领域Top5国家研究前沿热度指数及分指标得分与排名

指标体系	指标名称	得分					排名				
		美国	中国	英国	加拿大	澳大利亚	美国	中国	英国	加拿大	澳大利亚
一级指标	国家研究前沿热度指数	15.45	10.02	4.58	3.12	3.01	1	2	3	4	5
二级指标	国家贡献度	7.29	5.18	1.98	1.51	1.40	1	2	3	4	5
三级指标	核心论文份额	4.18	2.38	1.09	0.70	0.78	1	2	3	8	4
	施引论文份额	3.10	2.79	0.89	0.82	0.62	1	2	3	4	6
二级指标	国家影响度	8.16	4.84	2.60	1.61	1.62	1	2	3	5	4
三级指标	核心论文被引频次份额	4.29	2.38	1.40	0.68	0.78	1	2	3	7	6
	施引论文被引频次份额	3.87	2.46	1.20	0.93	0.83	1	2	3	4	5

在该领域10个前沿中，美国在热点前沿2、5、6、7和10等5个前沿的研究前沿热度指数得分均排名第1。美国只在热点前沿8“金属改性活性炭吸附水中有毒污染物”实力稍弱（排名第7），其余9个前沿均排在第1～3名。中国在热点前沿3“2013年1月中国中东部重度雾霾形成机制”和热点前沿4“过硫酸盐活化降解有机污染物”两个前沿表现突出，排名第1；在热点前沿7“全球性汞污染”和热点前沿10“有机磷阻燃剂对环境和人类的影响”两个前沿排名第3。英国有1个前沿（热点前沿9“海洋环境中的微塑料污染”）排名第1，热点前沿1“土壤的抗侵蚀性及其影响因素”、热点前沿5“环境DNA宏条形码技术监测生物多样性”和热点前沿6“北极海冰减少的气候效应研究”排在第2～3名。印度在热点前沿8“金属改性活性炭吸附水中有毒污染物”排名第1（表12.8）。

表 12.8 生态与环境科学领域 Top5 国家 10 个前沿的研究前沿热度指数得分及排名

类型和序号	前沿名称	核心论文/篇	被引频次	核心论文平均出版年	研究前沿热度指数得分					排名				
					美国	中国	英国	加拿大	澳大利亚	美国	中国	英国	加拿大	澳大利亚
领域汇总					15.45	10.02	4.58	3.12	3.01	1	2	3	4	5
热点前沿 1	土壤的抗侵蚀性及其影响因素	28	1154	2014.6	0.94	0.45	0.69	0.06	0.37	2	6	3	15	8
热点前沿 2	适应性进化的基因组学研究	31	1685	2014.4	2.79	0.15	0.27	0.59	0.33	1	10	5	2	4
热点前沿 3	2013 年 1 月中国中东部重度雾霾形成机制	22	1454	2014.4	1.14	3.74	0.09	0.13	0.02	2	1	10	7	18
热点前沿 4	过硫酸盐活化降解有机污染物	31	1370	2014.2	0.56	2.91	0.06	0.01	0.60	3	1	11	21	2
热点前沿 5	环境 DNA 宏条形码技术监测生物多样性	42	2607	2013.9	1.82	0.34	0.84	0.42	0.46	1	7	2	6	5
热点前沿 6	北极海冰减少的气候效应研究	32	2329	2013.9	2.53	0.52	0.99	0.21	0.54	1	5	2	6	4
热点前沿 7	全球性汞污染	27	1731	2013.9	2.94	0.67	0.15	0.77	0.11	1	3	11	2	14
热点前沿 8	金属改性活性炭吸附水中有毒污染物	29	3606	2013.8	0.13	0.55	0.01	0.02	0.05	7	4	27	20	11
热点前沿 9	海洋环境中的微塑料污染	49	3730	2013.7	0.97	0.08	1.16	0.41	0.43	2	23	1	5	4
热点前沿 10	有机磷阻燃剂对环境和人类的影响	26	1642	2013.7	1.62	0.61	0.30	0.50	0.11	1	3	7	4	14

12.3.3 地球科学领域：美国一枝独秀，英、中、德三强争胜

在地球科学领域，美国的研究前沿热度指数得分为27.18分，排名第1，表现最活跃。英国、中国和德国得分均在10分左右，分别排名第2、第3和第4，三者活跃程度相当。从表12.9可以看出，美国在一级指标、二级指标和三级指标上均排名第1。英国、中国和德国在这三级指标上排名有变化，但基本上是这三个国家争夺第2、3、4名，可谓三强争胜。

表12.9 地球科学领域Top5国家研究前沿热度指数及分指标得分与排名

指标体系	指标名称	得分					排名				
		美国	英国	中国	德国	法国	美国	英国	中国	德国	法国
一级指标	国家研究前沿热度指数	27.18	10.96	9.70	9.51	6.58	1	2	3	4	5
二级指标	国家贡献度	12.96	5.06	4.83	4.42	3.14	1	2	3	4	5
三级指标	核心论文份额	7.93	3.25	2.17	2.79	2.05	1	2	4	3	5
	施引论文份额	5.03	1.81	2.67	1.63	1.09	1	3	2	4	5
二级指标	国家影响度	14.21	5.90	4.87	5.09	3.44	1	2	4	3	5
三级指标	核心论文被引频次份额	7.92	3.35	2.50	2.82	1.87	1	2	4	3	6
	施引论文被引频次份额	6.30	2.55	2.37	2.26	1.56	1	2	3	4	5

在该领域11个研究前沿中（表12.10），美国在热点前沿1、2、3、4、5、7、8、9、10等9个前沿的研究前沿热度指数得分排名第1，表现出超群的实力。英国在热点前沿1、2、5、7、9、10和新兴前沿等7个前沿排第2～3名。中国在热点前沿6“中国华北克拉通前寒武纪地质演化研究”排名第1，在热点前沿3“大气中的碳黑在气候系统中的作用”和热点前沿8“页岩气储层孔隙系统类型及表征”，排名第2。德国在热点前沿3、4、5和9等4个前沿排第2～3名。新兴前沿“强亲铁和亲铜元素在高温条件下的地球化学行为”排名第1的国家是加拿大。

表 12.10　地球科学领域 Top5 国家 11 个前沿的研究前沿热度指数得分及排名

类型和序号	前沿名称	核心论文 / 篇	被引频次	核心论文平均出版年	研究前沿热度指数得分					排名				
					美国	英国	中国	德国	法国	美国	英国	中国	德国	法国
领域汇总					27.18	10.96	9.70	9.51	6.58	1	2	3	4	5
热点前沿 1	利用好奇号任务开展盖尔陨石坑的岩石矿物学研究	24	1496	2013.9	3.57	1.26	0.17	0.40	1.59	1	3	10	6	2
热点前沿 2	末次间冰期 CO_2 浓度升高对海洋环流的影响	19	1316	2013.8	2.36	1.35	0.65	0.97	1.22	1	2	6	4	3
热点前沿 3	大气中的碳黑在气候系统中的作用	13	1672	2013.7	3.23	1.03	1.41	1.19	0.36	1	5	2	3	11
热点前沿 4	大气气溶胶成核机理研究	23	2548	2013.6	2.87	1.11	0.51	1.64	0.29	1	4	10	3	13
热点前沿 5	尘埃及生物气溶胶在大气冰核核化过程中的作用	18	1440	2013.6	2.20	1.50	0.20	1.61	0.23	1	3	9	2	7
热点前沿 6	中国华北克拉通前寒武纪地质演化研究	48	4054	2013.5	0.39	0.21	3.86	0.08	0.04	4	5	1	6	10
热点前沿 7	热带地区森林碳储量和碳排放估算研究	8	1140	2013.5	3.25	1.48	0.15	0.34	0.71	1	2	22	11	3
热点前沿 8	页岩气储层孔隙系统类型及表征	40	2743	2013.4	1.71	0.174	1.67	0.56	0.170	1	6	2	4	7
热点前沿 9	CMIP5 地球系统模式对陆地碳循环的模拟与评估	18	1691	2013.3	3.08	1.38	0.74	1.47	0.95	1	3	8	2	5
热点前沿 10	流体注入诱发地震研究	16	1122	2013.3	3.34	0.23	0.13	0.11	0.26	1	3	7	8	2
新兴前沿 1	强亲铁和亲铜元素在高温条件下的地球化学行为	10	157	2015.8	1.17	1.23	0.21	1.12	0.76	3	2	7	4	5

12.3.4 临床医学领域：美国遥遥领先，英、德实力相当，中国挺进前十

临床医学领域，美国的国家研究前沿热度指数得分为44.49分，遥遥领先于其他国家。英国和德国得分在15分左右，活跃程度相当。中国排名第10，在该领域与其他强国有一定的差距。国家研究前沿热度指数Top5国家在二级指标上完全一致。中国在各个指标上的排名略有变化，国家研究前沿热度指数排在第10名。而施引论文份额排在第5名，核心论文被引频次份额却仅仅排在第14名，这表明中国在该领域缺少有较高影响力的重要成果（表12.11）。

表12.11　临床医学领域Top5国家及中国研究前沿热度指数及分指标得分与排名

指标体系	指标名称	得分						排名					
		美国	英国	德国	法国	加拿大	中国	美国	英国	德国	法国	加拿大	中国
一级指标	国家研究前沿热度指数	44.49	15.78	13.59	9.54	7.10	4.07	1	2	3	4	5	10
二级指标	国家贡献度	20.86	6.92	6.38	4.35	3.21	2.33	1	2	3	4	5	9
三级指标	核心论文份额	12.14	4.56	4.01	2.84	2.10	0.83	1	2	3	4	5	11
	施引论文份额	8.72	2.362	2.363	1.51	1.11	1.50	1	3	2	4	7	5
二级指标	国家影响度	23.63	8.86	7.21	5.18	3.90	1.74	1	2	3	4	5	11
三级指标	核心论文被引频次份额	12.79	4.85	3.57	2.73	2.37	0.77	1	2	3	4	5	14
	施引论文被引频次份额	10.84	4.01	3.64	2.45	1.53	0.97	1	2	3	4	7	11

在该领域的19个研究前沿中（表12.12），美国有14个研究前沿的研究前沿热度指数得分均排名第1，包括热点前沿2、4、5、6、8、10共6个前沿，以及除新兴前沿2以外的其他8个新兴前沿。

从研究前沿热度指数得分上也可以看出，英国和德国得分相当，活跃程度不相上下。英国虽然没有排名第1的前沿，但有11个前沿均排在第2～3名。德国在热点前沿1“放射性核素标记PSMA PET显像在前列腺癌诊疗中的作用”和热点前沿9“远端缺血预处理对心外科手术损伤的保护作用”两个前沿排名第1，在热点前沿8和新兴前沿2、3、6、9等5个前沿排名第2～3。中国在该领域的研究前沿热度指数排名第10，除了在新兴前沿8“MET 14外显子跳跃突变成非小细胞肺癌治疗新靶点”排名第2外，其他前沿均没有突出表现。

表 12.12 临床医学领域 Top5 国家及中国 19 个前沿的研究前沿热度指数得分及排名

类型和序号	前沿名称	核心论文 / 篇	被引频次	核心论文平均出版年	研究前沿热度指数得分						排名					
					美国	英国	德国	法国	加拿大	中国	美国	英国	德国	法国	加拿大	中国
领域汇总					44.49	15.78	13.59	9.54	7.10	4.07	1	2	3	4	5	10
热点前沿 1	放射性核素标记 PSMA PET 显像在前列腺癌诊疗中的作用	36	1340	2015.2	1.21	0.08	2.39	0.06	0.04	0.04	2	10	1	11	14	15
热点前沿 2	肠道菌群代谢物 TMAO 增加心血管疾病风险	17	2333	2014.6	2.92	0.28	0.13	0.14	0.09	0.15	1	2	6	5	14	4
热点前沿 3	生物可吸收药物洗脱支架对冠状动脉病变治疗影响	30	1582	2014.6	1.63	0.95	1.12	0.84	0.03	0.23	2	6	4	10	29	18
热点前沿 4	全外显子组测序在遗传疾病临床诊断中的应用	16	1838	2014.4	3.32	0.40	0.16	0.09	0.55	0.07	1	3	4	9	2	11
热点前沿 5	青蒿素抗药性疟疾发生、传播及抗药机制	24	2570	2014.3	2.58	2.26	0.37	1.01	0.03	0.37	1	2	15	6	37	16
热点前沿 6	药物洗脱支架植入术后双联抗血小板治疗最佳持续时间	17	1867	2014.3	1.93	1.35	0.34	1.48	0.35	0.09	1	3	11	2	10	24
热点前沿 7	戊型肝炎（病毒）流行、感染与治疗	24	1747	2014.2	1.25	1.31	0.70	1.32	0.06	0.60	3	2	5	1	15	6
热点前沿 8	非瓣膜性心房颤动患者新型口服抗凝药治疗有效性和安全性	21	1396	2014.2	1.86	0.79	0.90	0.15	1.48	0.02	1	4	3	13	2	18
热点前沿 9	远端缺血预处理对心外科手术损伤的保护作用	29	2210	2014.1	1.04	1.13	1.48	0.82	0.25	0.22	3	2	1	4	10	12
热点前沿 10	肌层浸润性膀胱肿瘤新辅助化疗	15	1375	2014.1	2.75	0.69	0.31	0.33	0.69	0.11	1	3	6	5	2	15
新兴前沿 1	寨卡病毒感染与防控	6	372	2016	3.27	0.18	0.05	0.14	0.11	0.13	1	3	10	4	7	5
新兴前沿 2	抗 PD-1 药肿瘤免疫治疗产生免疫相关不良反应（irAEs）	8	113	2016	0.84	0.56	1.10	1.16	0.01	0.13	3	5	2	1	13	6

续表

类型和序号	前沿名称	核心论文/篇	被引频次	核心论文平均出版年	研究前沿热度指数得分						排名					
					美国	英国	德国	法国	加拿大	中国	美国	英国	德国	法国	加拿大	中国
新兴前沿 3	CD19 CAR-T 细胞治疗 B 细胞恶性肿瘤临床试验	7	110	2015.9	3.70	0.04	1.01	0.12	0.04	0.07	1	14	3	6	14	12
新兴前沿 4	支架植入与内膜剥脱术治疗颈动脉狭窄长期疗效比较	5	128	2015.8	2.03	1.65	0.49	0.37	0.91	0.18	1	2	6	7	5	8
新兴前沿 5	Bruton 酪氨酸激酶抑制剂治疗慢性淋巴细胞性白血病新突破：二代新药及用于初治老年患者	7	202	2015.7	2.87	1.59	0.91	0.51	0.69	0.47	1	2	5	11	9	12
新兴前沿 6	质子泵抑制剂用药风险	3	109	2015.7	3.03	0.09	0.64	0.02	0.06	0.04	1	6	3	13	7	10
新兴前沿 7	21 基因检测复发风险评分指导早期乳腺癌化疗决策	3	104	2015.7	2.93	0.26	0.22	0.74	1.65	0.10	1	6	7	5	2	10
新兴前沿 8	MET 14 外显子跳跃突变成非小细胞肺癌治疗新靶点	5	146	2015.6	3.11	0	0.22	0.14	0.04	0.85	1	—	4	10	14	2
新兴前沿 9	含溴结构域（BRDs）蛋白小分子抑制剂药物发现与设计	12	289	2015.6	2.22	2.16	1.03	0.11	0.03	0.21	1	2	3	8	11	5

12.3.5 生物科学领域：美国全面领先，德、英、中三国角逐，中国稍逊一筹

在生物科学领域，美国的研究前沿热度指数得分为47.02分，排名第1，是第2名德国的5.2倍。德国、英国和中国得分在9分左右，三个国家的得分非常接近，但与美国差距较大。中国的国家研究前沿热度指数排名第4，国家贡献度排名第2，国家影响度排名第5（表12.13）。

表12.13 生物科学领域Top5国家研究前沿热度指数及分指标得分与排名

指标体系	指标名称	得分					排名				
		美国	德国	英国	中国	法国	美国	德国	英国	中国	法国
一级指标	国家研究前沿热度指数	47.02	9.01	8.80	8.68	6.76	1	2	3	4	5
二级指标	国家贡献度	22.43	4.35	4.04	4.97	3.04	1	3	4	2	5
三级指标	核心论文份额	12.76	2.36	2.24	2.65	1.54	1	3	4	2	5
	施引论文份额	9.67	1.98	1.80	2.32	1.50	1	3	4	2	5
二级指标	国家影响度	24.59	4.67	4.76	3.717	3.724	1	3	2	5	4
三级指标	核心论文被引频次份额	12.93	2.55	2.51	1.85	1.97	1	2	3	5	4
	施引论文被引频次份额	11.67	2.12	2.25	1.87	1.76	1	3	2	4	5

生物科学领域的19个研究前沿中，（表12.14）美国在17个前沿的研究前沿热度指数得分排名第1，只有新兴前沿3“抗体－药物偶联物的检测与表征方法”和新兴前沿9“剪接体（U4 / U6.U5 tri-snRNP）高分辨率的分子结构”，排名分别为第3、第2。德国在9个前沿排名第2～3。英国和中国分别在6个前沿排名前三，其中中国在新兴前沿9“剪接体（U4 / U6.U5 tri-snRNP）高分辨率的分子结构”中排名第1。法国在新兴前沿3“抗体－药物偶联物的检测与表征方法”排名第1，在热点前沿5“基于高通量的染色质构象捕获及其衍生技术应用”排名第2。

表 12.14　生物科学领域 Top5 国家 19 个前沿的研究前沿热度指数得分及排名

类型和序号	前沿名称	核心论文/篇	被引频次	核心论文平均出版年	研究前沿热度指数得分					排名				
					美国	德国	英国	中国	法国	美国	德国	英国	中国	法国
领域汇总					47.02	9.01	8.80	8.68	6.76	1	2	3	4	5
热点前沿 1	环状 RNAs 的起源、鉴定与功能研究	24	2424	2014.6	1.44	0.85	0.14	0.90	0.08	1	3	7	2	12
热点前沿 2	获得性性状跨代遗传机理研究	14	1361	2014.3	2.43	0.26	0.68	0.18	0.34	1	7	2	11	5
热点前沿 3	冷冻电镜技术在生物大分子三维结构解析中的应用	38	3834	2014.2	1.97	0.45	1.27	0.40	0.13	1	3	2	4	7
热点前沿 4	mRNA 甲基化修饰的调控机制与功能研究	37	3864	2014.1	2.73	0.34	0.32	0.66	0.21	1	4	5	2	6
热点前沿 5	基于高通量的染色质构象捕获及其衍生技术应用	14	3125	2014.1	3.04	0.55	0.25	0.45	0.84	1	3	7	5	2
热点前沿 6	组织和器官的 3D 生物打印方法与应用	28	2630	2014.1	2.49	0.27	0.18	0.28	0.06	1	7	9	6	17
热点前沿 7	骨髓造血干细胞微环境的鉴定	14	2179	2014.1	3.17	0.68	0.32	0.12	0.21	1	3	5	10	8
热点前沿 8	透明脑结构光学成像技术与方法	15	1717	2014.1	2.25	0.43	0.19	0.12	0.08	1	3	4	9	11
热点前沿 9	长链非编码 RNA（lncRNA）的表达及其生物学功能	13	1604	2014.1	2.81	0.43	0.37	0.11	0.08	1	2	3	9	11
热点前沿 10	微生物“暗物质”的探索及其基因组信息分析	14	1543	2014.1	2.48	1.05	0.66	0.64	0.51	1	2	5	6	7
新兴前沿 1	寨卡病毒结构及其致病机理	20	359	2016	2.62	0.02	0.33	0.58	0.22	1	17	4	3	7
新兴前沿 2	中性粒细胞与细胞凋亡	7	114	2016	1.90	1.32	0.25	0.13	0.20	1	2	6	9	8
新兴前沿 3	抗体－药物偶联物的检测与表征方法	9	109	2015.9	1.50	0.03	0	0.06	2.20	3	11	—	8	1
新兴前沿 4	先天淋巴细胞的可塑性	6	108	2015.8	1.86	0.90	0.10	0.05	0.53	1	4	7	9	5
新兴前沿 5	组蛋白甲基转移酶活性及其结构基础	4	107	2015.8	3.21	0.25	0.53	0.89	0.13	1	4	3	2	5
新兴前沿 6	蚊子的基因渗入及其网状系统发育模式	6	171	2015.7	3.58	0.08	1.91	0.19	0.77	1	13	2	11	6
新兴前沿 7	活细胞中单个 mRNA 的翻译动力学及其转录翻译实时成像	7	164	2015.7	3.19	0.54	0.08	0.20	0.13	1	2	9	5	6
新兴前沿 8	RAS 构象的变构与协作	9	124	2015.7	3.16	0.06	0.08	1.52	0	1	18	15	3	—
新兴前沿 9	剪接体（U4 / U6.U5 tri-snRNP）高分辨率的分子结构	8	215	2015.6	1.18	0.50	1.14	1.21	0.04	2	4	3	1	9

12.3.6 化学与材料科学领域：中、美竞争激烈，中国略胜一筹

在化学与材料科学领域，中国的研究前沿热度指数得分为38.80分，排名第1。美国得分为25.69分，排名第2。英国、日本和德国得分分别为8.25分、8.21分和7.38分，分别排名第3、第4、第5。三级指标的排名中国和美国始终是第1和第2，而英国、日本和德国在三级指标上的排名有所变化（表12.15）。

表12.15 化学与材料科学领域Top5国家研究前沿热度指数及分指标得分与排名

指标体系	指标名称	得分					排名				
		中国	美国	英国	日本	德国	中国	美国	英国	日本	德国
一级指标	国家研究前沿热度指数	38.80	25.69	8.25	8.21	7.38	1	2	3	4	5
二级指标	国家贡献度	20.27	11.44	3.87	4.00	3.57	1	2	4	3	5
三级指标	核心论文份额	8.99	6.52	2.49	2.48	1.92	1	2	3	4	5
	施引论文份额	11.28	4.91	1.38	1.52	1.65	1	2	6	4	3
二级指标	国家影响度	18.53	14.25	4.38	4.21	3.81	1	2	3	4	5
三级指标	核心论文被引频次份额	8.47	7.13	2.73	2.82	1.72	1	2	4	3	5
	施引论文被引频次份额	10.05	7.12	1.66	1.39	2.09	1	2	4	5	3

在该领域26个研究前沿中（表12.16），中国在12个前沿的研究前沿热度指数得分排名第1（占比接近一半），其中包括热点前沿1、2、4、7、9等5个以及新兴前沿1、2、4、6、9、10、13等7个。美国在6个前沿的研究前沿热度指数得分排名第1（占比接近1/4），包括热点前沿3、6、8、10等4个以及新兴前沿12、14等2个。

在该领域的26个前沿中，中国有21个前沿排名前三（约占4/5）。美国有17个前沿排名前三（约占2/3）。中、美两国在该领域的活跃程度远超其他国家，相对来说中国在该领域的表现更为突出。

表 12.16 化学与材料科学领域 Top5 国家 26 个前沿的研究前沿热度指数得分及排名

类型和序号	前沿名称	核心论文/篇	被引频次	核心论文平均出版年	研究前沿热度指数得分					排名				
					中国	美国	英国	日本	德国	中国	美国	英国	日本	德国
领域汇总					38.80	25.69	8.25	8.21	7.38	1	2	3	4	5
热点前沿 1	三价钴催化的碳氢键活化反应	36	2189	2015.1	1.18	0.53	0.03	0.57	0.95	1	4	10	3	2
热点前沿 2	钙钛矿太阳能电池中新型有机空穴传输材料	29	2359	2014.7	1.51	0.49	0.17	0.23	0.30	1	4	11	10	7
热点前沿 3	可见光诱导的活性自由基聚合	30	1873	2014.7	0.46	2.02	0.30	0.16	0.18	3	1	4	9	7
热点前沿 4	非富勒烯型聚合物太阳能电池	44	3532	2014.5	2.06	1.35	0.20	0.12	0.16	1	2	4	10	7
热点前沿 5	纳米组装学	25	2837	2014.4	0.96	0.34	0.11	2.13	0.20	2	5	11	1	6
热点前沿 6	全聚合物太阳能电池	22	2146	2014.2	1.21	1.86	0.10	0.65	0.29	2	1	9	3	5
热点前沿 7	基于 $NiCo_2S_4$ 的高性能超级电容器	25	2144	2014.2	3.25	0.13	0.022	0.021	0.05	1	5	10	11	7
热点前沿 8	间位碳氢键的官能团化	20	1552	2014.2	0.71	1.53	0.53	0.19	0.48	2	1	3	6	4
热点前沿 9	三重态－三重态湮灭上转换	21	2947	2013.9	1.44	0.71	0.22	0.38	0.29	1	2	7	3	5
热点前沿 10	具有精确原子结构和配体修饰的金纳米簇	15	1598	2013.9	0.88	2.74	0.03	0.61	0.05	2	1	18	3	11
新兴前沿 1	共价有机框架化合物	9	121	2016	2.08	0.99	0.04	0.23	0.88	1	2	11	6	3
新兴前沿 2	镝单离子磁体	4	111	2016	2.15	0.05	0.85	0.03	0.14	1	12	5	16	7
新兴前沿 3	三价铑催化合成吲哚类化合物	9	101	2016	3.26	0.08	0	0	0.19	2	9	—	—	5
新兴前沿 4	无机铅卤钙钛矿纳米晶发光材料（$CsPbX_3$）	8	133	2015.9	1.38	0.71	0.43	0.06	0.25	1	3	6	16	10
新兴前沿 5	基于无机吸光层（$CsPbX_3$）的钙钛矿型太阳能电池	4	140	2015.8	0.47	1.16	0.68	0.13	0.12	4	2	3	7	8
新兴前沿 6	基于柱芳烃主客体分子识别的超分子自组装及其应用	5	132	2015.8	3.49	0.14	0.03	0.05	0.08	1	2	10	7	4
新兴前沿 7	位点特异的蛋白质改性化学	5	117	2015.8	0.18	1.09	1.75	0.10	0.21	10	3	1	11	8
新兴前沿 8	连续流动光化学合成反应	5	109	2015.8	0.27	0.45	0.05	0.07	0.88	6	5	12	9	3

续表

类型和序号	前沿名称	核心论文/篇	被引频次	核心论文平均出版年	研究前沿热度指数得分					排名				
					中国	美国	英国	日本	德国	中国	美国	英国	日本	德国
新兴前沿 9	可见光氧化还原催化的烯烃氟烷基化反应	6	170	2015.7	1.57	0.94	0.406	0.412	0.74	1	2	5	4	3
新兴前沿 10	基于铁－镍的阳极析氧催化剂	6	154	2015.7	2.71	0.676	0	0.684	0.12	1	3	—	2	5
新兴前沿 11	液相剥离法制备二维纳米片材料	6	144	2015.7	1.86	1.45	0.63	0.03	0.14	2	3	4	13	8
新兴前沿 12	不含铅的钙钛矿型太阳能电池吸光材料	7	141	2015.7	1.04	2.02	0.88	0.16	0.02	2	1	3	7	12
新兴前沿 13	基于非贵金属的双功能电解水催化剂	17	618	2015.6	1.65	1.41	0.05	0.07	0.29	1	2	12	11	5
新兴前沿 14	过渡金属催化的酰胺碳氮键断裂反应	7	198	2015.6	1.32	2.42	0.01	0.03	0.02	2	1	11	6	9
新兴前沿 15	非贵金属催化的烯烃/炔烃硅氢化反应	5	116	2015.6	1.09	0.32	0.72	1.03	0.36	4	9	7	5	8
新兴前沿 16	近红外发光稀土纳米温度计	5	102	2015.6	0.62	0.08	0	0.07	0	4	13	—	14	—

12.3.7 物理学领域：美国霸主地位稳固，中、德角逐次席

在物理学领域，美国的研究前沿热度指数得分为29.56分，约是第2名德国的2倍，活跃程度最高。德国和中国得分接近，分别为16.53分和14.33分。英国以9.46分排名第4。三级指标Top5国家的排名大体一致（表12.17）。

表12.17 物理学领域Top5国家研究前沿热度指数及分指标得分与排名

指标体系	指标名称	得分					排名				
		美国	德国	中国	英国	加拿大	美国	德国	中国	英国	加拿大
一级指标	国家研究前沿热度指数	29.56	16.53	14.33	9.46	7.05	1	2	3	4	5
二级指标	国家贡献度	13.73	7.31	6.91	4.43	2.94	1	2	3	4	5
三级指标	核心论文份额	7.85	4.45	3.42	2.75	1.97	1	2	3	4	5
	施引论文份额	5.88	2.86	3.49	1.68	0.96	1	3	2	4	8
二级指标	国家影响度	15.83	9.22	7.41	5.03	4.11	1	2	3	4	5
三级指标	核心论文被引频次份额	8.08	5.24	4.12	2.70	2.16	1	2	3	4	5
	施引论文被引频次份额	7.76	3.99	3.29	2.33	1.95	1	2	3	4	6

在物理学领域的15个研究前沿中（表12.18），美国在9个研究前沿的研究前沿热度指数得分排名第1（占3/5），在13个前沿（约占87%）排名前三，排名第1的包括热点前沿2、4、6、7、8、9、10等7个，以及新兴前沿1“基于750 GeV双光子信号的标准模型研究”和新兴前沿5“基于里德堡偶极阻塞效应的多体物理学”。德国和中国在该领域也高度活跃。德国在热点前沿1“希格斯玻色子轻子味破缺衰变和B介子半轻衰变”，以及新兴前沿2“二硫化钼和二硒化铌的超导性研究”和新兴前沿4“纳米受限二维冰的结构和相变”等3个前沿（占1/5）排名第1，在8个前沿（约占1/2）排名前三。中国在热点前沿3“四夸克态和五夸克态的实验和理论研究”和热点前沿5“基于二维材料可饱和吸收体的锁模光纤激光器”两个前沿排名第1，在7个前沿（接近1/2）排名前三。

表 12.18 物理学领域 Top5 国家 15 个前沿的研究前沿热度指数得分及排名

类型和序号	前沿名称	核心论文 / 篇	被引频次	核心论文平均出版年	研究前沿热度指数得分					排名				
					美国	德国	中国	英国	加拿大	美国	德国	中国	英国	加拿大
领域汇总					29.56	16.53	14.33	9.46	7.05	1	2	3	4	5
热点前沿 1	希格斯玻色子轻子味破缺衰变和 B 介子半轻衰变	46	2226	2014.7	1.72	1.77	0.90	1.25	0.71	2	1	8	4	10
热点前沿 2	二硫化钼和二硒化铌的超导性研究	38	2103	2014.7	2.77	0.87	0.07	0.26	0.71	1	2	10	7	3
热点前沿 3	四夸克态和五夸克态的实验和理论研究	31	2374	2014.5	2.37	2.15	2.58	1.06	0.64	2	3	1	12	18
热点前沿 4	纳米受限二维冰的结构和相变	49	3630	2014.4	2.72	0.66	0.31	0.71	0.22	1	4	8	3	12
热点前沿 5	基于二维材料可饱和吸收体的锁模光纤激光器	36	2866	2014.2	0.15	0.09	2.91	0.35	0.01	7	9	1	3	22
热点前沿 6	铁基超导体的电子向列相研究	25	2052	2014.1	2.47	1.51	0.87	0.26	0.05	1	2	4	5	12
热点前沿 7	单层 / 多层黑磷的特性及其应用	13	5173	2014	2.02	0.12	1.58	0.10	0.03	1	7	2	8	19
热点前沿 8	钇钡铜氧化物超导体的赝能隙态研究	28	3045	2013.8	2.04	2.00	0.26	0.67	1.95	1	2	10	5	3
热点前沿 9	全息原理及其在凝聚态物理的应用	30	2311	2013.8	1.87	0.14	0.238	1.08	0.242	1	13	7	2	6
热点前沿 10	对称保护拓扑序	26	2407	2013.7	3.35	0.56	0.63	0.06	0.64	1	4	3	12	2
新兴前沿 1	基于 750 GeV 双光子信号的标准模型研究	27	1167	2016	2.07	0.08	1.54	0.14	0.01	1	10	2	8	15
新兴前沿 2	二硫化钼和二硒化铌的超导性研究	8	168	2015.8	2.40	2.52	0.06	0.37	1.68	2	1	15	9	3
新兴前沿 3	基于手征有效场论的三体核力研究	11	231	2015.7	0.40	1.29	1.68	2.53	0.05	6	3	2	1	12
新兴前沿 4	纳米受限二维冰的结构和相变	3	106	2015.7	1.91	2.52	0.14	0.21	0.07	2	1	7	5	9
新兴前沿 5	基于里德堡偶极阻塞效应的多体物理学	5	112	2015.6	1.32	0.27	0.56	0.41	0.05	1	11	2	4	23

12.3.8 天文学与天体物理学领域：美国一家独大，英、德位居2、3名，中国接近前十

在天文学与天体物理学领域，美国的研究前沿热度指数得分为39.16分，稳居第1。英国以21.91分排名第2。德国以17.36分排名第3。其次是法国（14.12分）和意大利（11.94分）。中国以6.84分排名第11（表12.19）。

表12.19 天文学与天体物理学领域Top5国家及中国研究前沿热度指数及分指标得分与排名

指标体系	指标名称	得分						排名					
		美国	英国	德国	法国	意大利	中国	美国	英国	德国	法国	意大利	中国
一级指标	国家研究前沿热度指数	39.16	21.91	17.36	14.12	11.94	6.84	1	2	3	4	5	11
二级指标	国家贡献度	18.29	9.81	7.67	5.77	4.94	2.87	1	2	3	4	5	11
三级指标	核心论文份额	10.88	6.58	4.83	3.49	3.01	1.49	1	2	3	4	6	14
	施引论文份额	7.41	3.23	2.84	2.28	1.93	1.38	1	2	3	4	5	8
二级指标	国家影响度	20.87	12.10	9.69	8.35	7.00	3.96	1	2	3	4	6	11
三级指标	核心论文被引频次份额	11.14	6.63	4.96	4.11	3.59	1.62	1	2	3	4	6	16
	施引论文被引频次份额	9.73	5.47	4.73	4.24	3.41	2.34	1	2	3	4	5	10

在该领域的12个前沿中（表12.20），美国占绝对的优势，包揽了全部12个前沿的研究前沿热度指数得分的第1名。英国则在9个前沿中排名第2～3（占3/4），德国在6个前沿中排名第2～3（占1/2）。中国在热点前沿9"'太阳动力学天文台'（SDO）任务及其仪器性能以及其他相关太阳物理学研究"中排名第3。

表 12.20 天文学与天体物理学领域 Top5 国家及中国 12 个前沿的研究前沿热度指数得分及排名

类型和序号	前沿名称	核心论文/篇	被引频次	核心论文平均出版年	研究前沿热度指数得分						排名					
					美国	英国	德国	法国	意大利	中国	美国	英国	德国	法国	意大利	中国
领域汇总					39.16	21.91	17.36	14.12	11.94	6.84	1	2	3	4	5	11
热点前沿 1	南极“冰立方中微子天文台”（IceCube）和“费米伽马射线空间望远镜”（Fermi）对高能中微子和伽马射线等的观测研究	19	2517	2013.7	3.29	1.57	2.47	1.47	1.90	0.40	1	6	2	7	5	19
热点前沿 2	基于“普朗克”（Planck）卫星、“南极望远镜”（SPT）和“阿塔卡玛宇宙学望远镜”（ACT）等对宇宙微波背景辐射的探测研究	26	3139	2013.5	3.34	2.63	2.71	2.26	2.41	0.52	1	4	3	6	5	22
热点前沿 3	基于“开普勒空间望远镜”（Kepler）开展系外行星搜寻及其性质研究	47	7588	2012.9	3.37	1.26	0.68	0.77	0.30	0.13	1	3	5	4	11	19
热点前沿 4	暗物质探测研究	27	3701	2012.9	2.50	1.24	0.76	0.34	0.39	0.26	1	2	3	7	6	9
热点前沿 5	利用“哈勃空间望远镜”（HST）探测研究高红移星系	18	2524	2012.9	3.46	2.19	0.98	1.00	0.77	0.35	1	2	5	4	8	13
热点前沿 6	基于“斯隆数字巡天”（SDSS）等多项巡天项目的重子声学振荡相关研究	8	1945	2012.9	3.22	1.99	1.71	1.41	0.62	1.36	1	2	3	6	11	7
热点前沿 7	超新星及其对应前身星性质研究	21	2459	2012.8	2.68	1.39	1.32	0.35	1.04	0.55	1	2	3	13	5	10
热点前沿 8	“斯隆数字巡天”（SDSS）计划第 3 期及其中的“重子振荡光谱巡天”（BOSS）项目	4	1498	2012.3	3.56	2.95	2.01	2.34	1.64	1.69	1	2	5	4	7	6
热点前沿 9	“太阳动力学天文台”（SDO）任务及其仪器性能以及其他相关太阳物理学研究	13	3041	2012.2	3.11	1.18	0.46	0.14	0.08	0.47	1	2	4	11	14	3
热点前沿 10	基于“哈勃空间望远镜”（HST）开展的“宇宙组装近红外深河外遗迹巡天”（CANDELS）和“三维哈勃空间望远镜”（3D-HST）巡天项目	5	1439	2012.2	3.78	2.68	2.79	1.67	1.97	0.15	1	3	2	5	4	20
新兴前沿 1	“磁层多尺度”（MMS）任务及其初期结果以及相关磁重联研究	16	429	2016	3.84	0.66	0.23	1.54	0.02	0.22	1	6	8	2	13	9
新兴前沿 2	双黑洞等双致密天体的形成及合并	8	186	2015.8	3.02	2.17	1.23	0.84	0.81	0.75	1	2	4	7	8	10

12.3.9 数学、计算机科学与工程领域：中国优势明显，美国紧随其后，伊朗等国表现抢眼

在数学、计算机科学与工程领域，中国表现最活跃，国家研究前沿热度指数得分为 14.69 分，排名第 1，约为排名第 2 的美国（7.65 分）的 2 倍。意大利、伊朗和德国得分分别为 4.18 分、3.61 分和 3.06 分，排名第 3、第 4 和第 5（表 12.21）。

表 12.21 数学、计算机科学与工程领域 Top5 国家研究前沿热度指数及分指标得分与排名

指标体系	指标名称	得分					排名				
		中国	美国	意大利	伊朗	德国	中国	美国	意大利	伊朗	德国
一级指标	国家研究前沿热度指数	14.69	7.65	4.18	3.61	3.06	1	2	3	4	5
二级指标	国家贡献度	7.79	3.40	1.88	2.05	1.27	1	2	4	3	5
三级指标	核心论文份额	3.72	2.09	1.10	1.06	0.64	1	2	3	4	8
	施引论文份额	4.07	1.31	0.79	0.99	0.63	1	2	4	3	5
二级指标	国家影响度	6.89	4.25	2.30	1.56	1.79	1	2	3	7	5
三级指标	核心论文被引频次份额	3.21	2.60	1.12	0.81	0.85	1	2	4	7	6
	施引论文被引频次份额	3.68	1.65	1.18	0.76	0.94	1	2	3	5	4

在该领域 10 个前沿中（表 12.22），中国在热点前沿 2、4、5、8、9、10 等 6 个前沿（占 3/5）的研究前沿热度指数得分均排名第 1。其余 4 个前沿的第 1 名分别属于美国、意大利、伊朗和阿尔及利亚。美国、意大利和伊朗分别在热点前沿 6“选择性激光熔融技术加工金属部件的工艺、微结构和机械性能研究”、热点前沿 1“二阶应变梯度理论及其应用”和热点前沿 7“基于修正偶应力理论和应变梯度理论的微梁和微板的动力学研究”排名第 1。阿尔及利亚在热点前沿 3“功能梯度板 / 梁的剪切变形理论研究”排名第 1。

中国在 8 个前沿排名前二（占 4/5）。美国在 5 个前沿（占 1/2）排名前三。

表 12.22　数学、计算机科学与工程领域 Top5 国家 10 个前沿的研究前沿热度指数得分及排名

类型和序号	前沿名称	核心论文/篇	被引频次	核心论文平均出版年	研究前沿热度指数得分					排名				
					中国	美国	意大利	伊朗	德国	中国	美国	意大利	伊朗	德国
领域汇总					14.69	7.65	4.18	3.61	3.06	1	2	3	4	5
热点前沿 1	二阶应变梯度理论及其应用	50	1114	2015.1	0.08	0.47	3.32	0.03	0.48	8	4	1	14	3
热点前沿 2	非线性发展方程的孤子解及其在流体力学、电磁学等领域的应用	41	1041	2014.9	3.22	0.95	0.01	0.26	0.03	1	2	21	7	15
热点前沿 3	功能梯度板/梁的剪切变形理论研究	35	1575	2014.7	0.17	0.06	0.16	0.48	0.01	6	13	8	5	20
热点前沿 4	水合物法气体分离（HBGS）技术和水合物分解特性研究	21	947	2014.3	1.36	0.59	0.02	0.14	0.05	1	4	27	9	17
热点前沿 5	构形理论和火积理论等传热优化理论研究与应用	29	1004	2014.2	2.13	0.86	0.29	1.09	0.02	1	3	4	2	17
热点前沿 6	选择性激光熔融技术加工金属部件的工艺、微结构和机械性能研究	16	1000	2014.2	1.00	1.42	0.06	0	0.59	2	1	10	—	3
热点前沿 7	基于修正偶应力理论和应变梯度理论的微梁和微板的动力学研究	45	2114	2014.1	0.76	0.57	0.04	1.53	0.01	2	4	10	1	21
热点前沿 8	基于超级电容器的储能器件	13	1409	2014	1.59	1.42	0.155	0.02	0.163	1	2	9	15	8
热点前沿 9	关于 Keller-Segel 趋化方程的研究	45	1156	2014	2.15	0.20	0.06	0.02	1.69	1	5	10	14	2
热点前沿 10	基于生物特征识别的远程用户认证方案	37	2423	2013.9	2.23	1.11	0.07	0.05	0.02	1	2	11	13	19

12.3.10 经济学、心理学及其他社会科学领域：美国稳居第1，英、德位列第2、第3，中国排名第9

在经济学、心理学及其他社会科学领域，美国的国家研究前沿热度指数得分为24.41分，稳居第1名，活跃程度最高。英国和德国以8.96分和6.55分，分别排名第2和第3。前三名在三级指标上的排名完全一致。中国排名第9，活跃程度一般（表12.23）。

表12.23 经济学、心理学及其他社会科学领域Top5国家及中国研究前沿热度指数及分指标得分与排名

指标体系	指标名称	得分						排名					
		美国	英国	德国	荷兰	西班牙	中国	美国	英国	德国	荷兰	西班牙	中国
一级指标	国家研究前沿热度指数	24.41	8.96	6.55	4.37	3.94	2.45	1	2	3	4	5	9
二级指标	国家贡献度	11.24	4.17	3.00	1.84	1.90	1.12	1	2	3	5	4	9
三级指标	核心论文份额	6.24	2.58	2.13	1.28	1.09	0.69	1	2	3	4	6	9
	施引论文份额	5.00	1.60	0.87	0.56	0.81	0.43	1	2	3	7	4	8
二级指标	国家影响度	13.18	4.79	3.55	2.53	2.04	1.33	1	2	3	4	5	9
三级指标	核心论文被引频次份额	7.21	2.54	2.33	1.53	1.17	0.90	1	2	3	4	5	9
	施引论文被引频次份额	5.97	2.24	1.22	1.00	0.87	0.43	1	2	3	5	6	10

在该领域的10个研究前沿中（表12.24），美国在热点前沿2、4、6、7、8、9、10等7个前沿的研究前沿热度指数得分均排名第1，而且在所有10个前沿中均在前三名。英国在热点前沿1“科研评价方法新进展——替代计量学”、热点前沿5“经济衰退对人口健康的影响”等两个前沿排名第1，在8个前沿排名前三。比利时在热点前沿3“精神病患者的健康状况和物理干预措施研究”排名第1。

表 12.24 经济学、心理学及其他社会科学领域 Top5 国家及中国 10 个前沿的研究前沿热度指数得分及排名

类型和序号	前沿名称	核心论文/篇	被引频次	核心论文平均出版年	研究前沿热度指数得分						排名					
					美国	英国	德国	荷兰	西班牙	中国	美国	英国	德国	荷兰	西班牙	中国
领域汇总					24.41	8.96	6.55	4.37	3.94	2.45	1	2	3	4	5	9
热点前沿 1	科研评价方法新进展——替代计量学	26	726	2014.2	1.04	1.46	0.68	1.01	0.37	0.06	2	1	5	3	6	9
热点前沿 2	人类起源、进化和迁徙的基因组学研究	38	3069	2014.1	2.57	1.40	1.56	0.25	0.86	1.22	1	3	2	17	6	4
热点前沿 3	精神病患者的健康状况和物理干预措施研究	24	1565	2014.1	1.57	1.50	0.64	0.84	0.56	0.04	2	3	6	5	7	22
热点前沿 4	美国平价医疗法案的社会影响	22	1137	2014.1	3.90	0.06	0.014	0.021	0.007	0.019	1	2	8	6	12	7
热点前沿 5	经济衰退对人口健康的影响	29	1260	2014	1.59	1.99	0.23	0.54	0.76	0.19	2	1	6	4	3	8
热点前沿 6	人乳头状瘤病毒（HPV）疫苗接种的社会调查	9	702	2014	3.81	0.04	0.028	0.033	0.02	0.01	1	5	8	7	10	20
热点前沿 7	士兵、退伍军人等特殊人群身心健康与自杀、酗酒、药物滥用等行为研究	26	1162	2013.9	3.44	0.46	0.37	0.20	0.25	0	1	2	3	7	5	—
热点前沿 8	偏最小二乘结构方程模型在商业研究中的应用	12	833	2013.9	2.13	0.29	2.12	0.98	0.20	0.17	1	6	2	4	9	10
热点前沿 9	工作记忆训练及其应用研究	22	1888	2013.8	2.45	0.87	0.81	0.42	0.35	0.20	1	2	3	4	6	10
热点前沿 10	双语对认知的影响研究	19	1225	2013.7	1.90	0.87	0.11	0.07	0.56	0.55	1	3	10	11	4	6

第 13 章　中美研究前沿科研实力比较研究

关于中国和美国在研究前沿中的表现，本书第 1～11 章“2017 研究前沿”中对 27 个重点研究前沿的深度解读，涉及中美两国的表现。第 12 章“2017 研究前沿热度指数”比较分析了不同国家在 10 个领域总体、分领域及具体前沿 3 个层面的研究前沿热度指数得分。本章则在前文的基础上，详细解读中美两国在国家研究前沿热度指数指标体系的 7 个指标上的具体表现，从 10 个领域分别展开中国与美国在 143 个研究前沿的前沿活跃度比较，从宏观到微观，即从特定领域层面到特定研究前沿层面精确揭示研究活力来源，并依据两国在核心论文中贡献的署名通讯作者的论文数及排名判定国家在特定研究前沿所处领跑、并跑和跟跑的位置，以期较为系统全面地解读中国与美国的差距和优势。

国家研究前沿热度指数指标体系的 7 个指标包括一级指标（国家研究前沿热度指数）、二级指标（国家贡献度和国家影响度）以及三级指标（核心论文份额、施引论文份额、核心论文被引频次份额和施引论文被引频次份额）。

另外增加了署名通讯作者核心论文的指标，根据每个国家在某个研究前沿的署名通讯作者的核心论文数的排名定义了某个国家在该前沿的领跑、并跑或跟跑状态。具体方法是：研究前沿的署名通讯作者的核心论文数排名第 1 的国家处于该前沿的领跑地位；研究前沿的署名通讯作者的核心论文数排名第 2～3 的国家处于该前沿的并跑地位；研究前沿的署名通讯作者的核心论文数排名第 4～10 的国家处于该前沿的跟跑地位。

“2017 研究前沿热度指数”显示在所选的 143 个研究前沿的综合得分中，美国的国家研究前沿热度指数得分为 281.11 分，冠领全球，中国以 118.84 分位居第 2。美国研究前沿热度指数排名第 1 的前沿有 86 个，约占全部 143 个前沿的 60%（约 3/5），中国排名第 1 的前沿数为 25 个，约占 17%（约 1/5）（数据见“2017 研究前沿热度指数”的表 12.3）。中、美两国在近 80% 的前沿取得了研究前沿热度指数排名第 1 的领先位置。数据显示，在整体层面上，美国仍是世界霸主，中国位居第 2，与美国仍有较大差距，但在某些重要前沿中国已跻身世界先进行列。

13.1 农业、植物学和动物学领域

农业、植物学和动物学领域共遴选出 10 个热点前沿，仅有 1 项前沿入选 2017 年新兴前沿的行列。从该领域研究前沿整体来看，中美 7 项指标对比情况分别为，国家研究前沿热度指数 9.27 : 20.49、国家贡献度 4.77 : 9.55、国家影响度 4.50 : 10.94、核心论文份额 2.45 : 5.91、施引论文份额 2.32 : 3.64、核心论文被引频次份额 2.30 : 6.20、施引论文被引频次份额 2.20 : 4.74（数据见“2017 研究前沿热度指数”的表 12.5）。可见，该领域各项指标中国与美国都存在一定差距，但在施引论文份额指标上中美差距略小。美国的国家研究前沿热度指数得分世界排名第 1，表现最活跃。中国排名第 2，表现优于其他国家，但与美国存在差距。

就具体前沿而言（表 13.1），在“棉花基因组序列与重要性状 QTL 分析”“子囊菌和半知菌的分类学与系统发育学”和“植物中钾离子的吸收、传输与植物耐盐胁迫的生理机制和调控”3 个热点前沿的各项指标得分上中国均高于美国，取得了超过美国的研究活跃度。并且在“棉花基因组序列与重要性状 QTL 分析”“子囊菌和半知菌的分类学与系统发育学”两个前沿，贡献的署名通讯作者的核心论文数和施引论文数中国均排名第 1，领跑这两个前沿的发展。非常值得关注的是在“棉花基因组序列与重要性状 QTL 分析”研究前沿，中国在 7 项指标中均排名第 1，表现了最强的研究活跃度。在该前沿美国 7 项指标均排名第 2，也表现了较强的研究活跃度，并且贡献的署名通讯作者的核心论文数和施引论文数美国均排名第 2，处在并跑的位置。在“子囊菌和半知菌的分类学与系统发育学”热点前沿，中国在 7 项指标中有 6 项排名世界第 2，另外一项施引论文份额排名第 1，足以说明中国在该前沿也表现了很强的研究活跃度。美国在该前沿的总研究前沿热度指数排名第 5，在研究活跃度方面也有不错的表现。在“植物中钾离子的吸收、传输与植物耐盐胁迫的生理机制和调控”前沿，中国的施引论文份额排名第 1，施引论文被引频次份额排名第 2，并且，中国在该前沿贡献的署名通讯作者的施引论文数排名第 1，可见中国在该前沿的研究活跃度表现有不断提升的趋势。

在“植物基因组编辑技术及其在农作物中的应用研究”“斑翅果蝇的入侵生物学研究”“海洋渔业资源评估及基于生态系统的管理策略”“植物 DNA 甲基化的调控机理及其作用”“植物细胞壁纤维素的生物合成机理”“丛枝菌根的共生关系及营养与信号机制研究”6 个热点前沿，美国在 7 项指标中均排名第 1，表现了最强的研究活跃度。并且在这 6 个前沿中，

表 13.1 农业、植物学和动物学领域 11 个前沿中国和美国的热度指数、贡献度和影响度以及发展状态对比

序号	前沿名称		国家研究前沿热度指数																						
			国家贡献度												国家影响度								值	排名
			国家核心论文					国家施引论文					值	排名	国家核心论文			国家施引论文			值	排名		
			论文/篇	比例/%	排名	署名通讯作者论文/篇	通讯作者论文排名	论文/篇	比例/%	排名	署名通讯作者论文/篇	通讯作者论文排名			被引频次	比例/%	排名	被引频次	比例/%	排名				
1	植物基因组编辑技术及其在农作物中的应用研究	中	15	34.1	2	12	2	179	23.7	2	145	2	0.58	2	781	35.1	2	2315	22.6	2	0.58	2	1.15	2
		美	25	56.8	1	21	1	309	41.0	1	249	1	0.98	1	1490	66.9	1	6242	60.9	1	1.28	1	2.26	1
2	斑翅果蝇的入侵生物学研究	中	2	8.7	5	1	3	5	2.2	15	3	12	0.11	9	59	6.9	7	97	5.4	9	0.12	8	0.23	7
		美	18	78.3	1	17	1	120	53.1	1	106	1	1.31	1	580	68.2	1	1105	61.1	1	1.29	1	2.61	1
3	植物中钾离子的吸收、传输与植物耐盐胁迫的生理机制和调控	中	1	5.6	10	0	—	126	26.0	1	110	1	0.32	2	19	2.3	12	451	14.7	2	0.17	6	0.49	3
		美	0	0	—	0	—	40	8.2	4	16	7	0.08	12	0	0	—	337	11.0	4	0.11	11	0.19	12
4	海洋渔业资源评估及基于生态系统的管理策略	中	0	0	—	0	—	23	1.4	22	17	17	0.01	29	0	0	—	103	1.1	29	0.01	32	0.03	28
		美	24	66.7	1	16	1	759	47.0	1	572	1	1.14	1	1724	74.6	1	5137	53.7	1	1.28	1	2.42	1
5	植物 DNA 甲基化的调控机理及其作用	中	1	9.1	4	1	2	135	20.8	2	99	2	0.3	2	9	0.8	11	835	13.7	2	0.15	5	0.44	4
		美	10	90.9	1	7	1	314	48.3	1	245	1	1.39	1	1023	91.7	1	3571	58.7	1	1.5	1	2.9	1

续表

序号	前沿名称		国家研究前沿热度指数																					
			国家贡献度												国家影响度								值	排名
			国家核心论文					国家施引论文					值	排名	国家核心论文			国家施引论文			值	排名		
			论文/篇	比例/%	排名	署名通讯作者论文/篇	通讯作者论文排名	论文/篇	比例/%	排名	署名通讯作者论文/篇	通讯作者论文排名			被引频次	比例/%	排名	被引频次	比例/%	排名				
6	棉花基因组序列与重要性状QTL分析	中	7	100.0	1	6	1	309	64.1	1	279	1	1.64	1	829	100.0	1	2298	63.4	1	1.63	1	3.28	1
		美	6	85.7	2	1	2	174	36.1	2	133	2	1.22	2	822	99.2	2	2198	60.7	2	1.6	2	2.82	2
7	子囊菌和半知菌的分类学与系统发育学	中	21	63.6	2	16	1	417	43.7	1	325	1	1.07	2	1256	65.0	2	3756	52.7	2	1.18	2	2.25	2
		美	13	39.4	7	0	—	183	19.2	3	85	3	0.59	5	888	45.9	5	2281	32.0	5	0.78	5	1.37	5
8	植物细胞壁纤维素的生物合成机理	中	0	0	—	0	—	56	8.6	6	41	5	0.09	10	0	0	—	411	5.8	7	0.06	12	0.14	12
		美	13	56.5	1	12	1	277	42.4	1	227	1	0.99	1	662	56.9	1	4245	59.6	1	1.16	1	2.15	1
9	丛枝菌根的共生关系及营养与信号机制研究	中	1	7.1	6	0	—	123	17.0	2	107	2	0.24	5	16	1.6	10	958	12.2	6	0.14	10	0.38	10
		美	8	57.1	1	5	1	191	26.4	1	125	1	0.84	1	603	58.8	1	2583	33.0	1	0.92	1	1.75	1
10	全球土壤碳高分辨率地图	中	1	10.0	9	0	—	63	12.0	4	56	3	0.22	9	37	6.1	11	302	9.3	9	0.15	11	0.37	11
		美	4	40.0	2	0	—	123	23.4	1	77	1	0.63	2	280	46.3	3	795	24.4	2	0.71	3	1.34	3
11	树木年轮分析及其在环境气候变化研究中的应用	中	1	6.7	11	0	—	10	12.3	9	4	7	0.19	12	20	12.5	9	48	18.8	9	0.31	10	0.5	12
		美	3	20.0	6	1	5	15	18.5	5	10	2	0.39	6	18	11.3	13	49	19.2	8	0.3	11	0.69	7

注：农业、植物学和动物学领域共遴选出 11 个前沿，序号 1～10 为热点前沿，序号 11 为新兴前沿

贡献的署名通讯作者的核心论文数和施引论文数美国均排名第 1，处于领跑位置。其中，在“植物基因组编辑技术及其在农作物中的应用研究”热点前沿，上述 7 项指标中国均排名第 2，也表现了较高的活跃度，并且在该前沿贡献的署名通讯作者的核心论文数和施引论文数中国均排名第 2，处于并跑的位置。在“斑翅果蝇的入侵生物学研究”“海洋渔业资源评估及基于生态系统的管理策略”“植物细胞壁纤维素的生物合成机理”和“丛枝菌根的共生关系及营养与信号机制研究”热点前沿中，中国在各项指标上与美国差距较大，研究活跃度有待提高。

农业、植物学和动物学领域只有“树木年轮分析及其在环境气候变化研究中的应用”入选新兴前沿。在该前沿，中美各项指标差距不大，美国在国家研究前沿热度指数、国家贡献度、核心论文份额、施引论文份额和施引论文被引频次份额 5 项指标略优于中国，中国在国家影响度和核心论文被引频次份额 2 项指标略优于美国。在该前沿，国家研究前沿热度指数美国排名第 7，中国排名第 12，可见，中美两国在该前沿的研究活跃度均表现一般。

从农业、植物学和动物学领域整体来看，中国在 7 项指标对比上仅次于美国，但在个别前沿中国也有优于美国的表现并取得了领跑位置。

13.2 生态与环境科学领域

生态与环境科学领域共遴选出 10 个热点前沿，无新兴前沿入选。从该领域研究前沿整体来看，中美 7 项指标对比情况分别为，国家研究前沿热度指数 10.02∶15.45、国家贡献度 5.18∶7.29、国家影响度 4.84∶8.16、核心论文份额 2.38∶4.18、施引论文份额 2.79∶3.10、核心论文被引频次份额 2.38∶4.29、施引论文被引频次份额 2.46∶3.87（数据见“2017 研究前沿热度指数”的表 12.7）。可见，在该领域美国的国家研究前沿热度指数得分世界排名第 1，表现最活跃。中国排名第 2，表现优于其他国家，但与美国存在差距。在施引论文份额指标上中美差距略小。

就具体前沿而言（表 13.2），非常值得关注的是在“2013 年 1 月中国中东部重度雾霾形成机制”“过硫酸盐活化降解有机污染物”两个前沿，中国在 7 项指标均排名第 1，表现了最强的研究活跃度。同时中国贡献的署名通讯作者的核心论文数和施引论文数也排名第 1，领跑这两个前沿的发展。这两个前沿美国部分指标排名第 2～3，也表现了较强的研究活跃度。但是美国贡献的署名通讯作者的核心论文数和施引论文数排名略差，处在跟跑的位置。在“金属改性活性炭吸附水中有毒污染物”热点前沿，中国在 7 项指标上均领先于美国，其中施引论文份额排名第 1，并且，中国在该前沿贡献的署名通讯作者的施引论文数排名第 1，足以说明中国在该前沿也表现了很强的研究活跃度。美国在该前沿的总研究前沿热度指数排名第 7，在研究活跃度方面也有不错的表现。

表 13.2 生态与环境科学领域 10 个前沿中国和美国的热度指数、贡献度和影响度以及发展状态对比

序号	前沿名称		国家研究前沿热度指数																					
			国家贡献度												国家影响度								值	排名
			国家核心论文					国家施引论文					值	排名	国家核心论文			国家施引论文			值	排名		
			论文/篇	比例/%	排名	署名通讯作者论文/篇	通讯作者论文排名	论文/篇	比例/%	排名	署名通讯作者论文/篇	通讯作者论文排名			被引频次	比例/%	排名	被引频次	比例/%	排名				
1	土壤的抗侵蚀性及其影响因素	中	3	10.7	7	3	3	89	12.4	3	86	3	0.23	6	170	14.7	4	324	7.5	7	0.22	4	0.45	6
		美	7	25.0	2	1	7	157	22.0	2	102	2	0.47	2	228	19.8	3	1205	27.8	2	0.48	2	0.94	2
2	适应性进化的基因组学研究	中	0	0	—	0	—	76	7.4	7	47	6	0.07	9	0	0	—	848	7.8	8	0.08	9	0.15	10
		美	24	77.4	1	19	1	555	54.0	1	429	1	1.31	1	1380	81.9	1	7154	65.6	1	1.47	1	2.79	1
3	2013 年 1 月中国中东部重度雾霾形成机制	中	22	100.0	1	19	1	662	86.2	1	615	1	1.86	1	1454	100.0	1	3106	87.6	1	1.88	1	3.74	1
		美	6	27.3	2	0	—	224	29.2	2	76	2	0.56	2	301	20.7	5	1303	36.7	2	0.57	2	1.14	2
4	过硫酸盐活化降解有机污染物	中	24	77.4	1	24	1	497	67.1	1	483	1	1.44	1	1094	79.9	1	3539	66.9	1	1.47	1	2.91	1
		美	4	12.9	3	0	—	92	12.4	2	40	2	0.25	3	209	15.3	3	837	15.8	2	0.31	3	0.56	3
5	环境 DNA 宏条形码技术监测生物多样性	中	3	7.1	5	2	4	81	8.4	6	55	6	0.16	7	285	10.9	6	713	7.5	9	0.18	7	0.34	7
		美	24	57.1	1	22	1	356	37.1	1	256	1	0.94	1	1251	48.0	1	3785	39.8	1	0.88	1	1.82	1

续表

序号	前沿名称		国家研究前沿热度指数																					
			国家贡献度												国家影响度								值	排名
			国家核心论文					国家施引论文					值	排名	国家核心论文			国家施引论文			值	排名		
			论文/篇	比例/%	排名	署名通讯作者论文/篇	通讯作者论文排名	论文/篇	比例/%	排名	署名通讯作者论文/篇	通讯作者论文排名			被引频次	比例/%	排名	被引频次	比例/%	排名				
6	北极海冰减少的气候效应研究	中	3	9.4	5	2	4	152	16.9	3	123	2	0.26	4	351	15.1	4	810	10.9	4	0.26	5	0.52	5
		美	22	68.8	1	13	1	420	46.8	1	305	1	1.16	1	1776	76.3	1	4552	61.0	1	1.37	1	2.53	1
7	全球性汞污染	中	6	22.2	2	3	2	208	20.0	2	172	2	0.42	2	175	10.1	4	984	14.4	3	0.24	3	0.67	3
		美	23	85.2	1	21	1	516	49.6	1	407	1	1.35	1	1633	94.3	1	4471	65.3	1	1.6	1	2.94	1
8	金属改性活性炭吸附水中有毒污染物	中	0	0	—	0	—	427	28.6	1	400	1	0.29	4	0	0	—	3589	26.2	2	0.26	4	0.55	4
		美	0	0	—	0	—	83	5.6	6	45	4	0.06	8	0	0	—	1028	7.5	5	0.07	7	0.13	7
9	海洋环境中的微塑料污染	中	0	0	—	0	—	45	5.7	9	39	6	0.06	17	0	0	—	175	2.0	22	0.02	27	0.08	23
		美	11	22.4	2	10	1	171	21.5	1	125	1	0.44	2	937	25.1	2	2487	27.9	1	0.53	2	0.97	2
10	有机磷阻燃剂对环境和人类的影响	中	3	11.5	3	3	2	214	26.6	2	192	2	0.38	2	122	7.4	7	1220	15.3	3	0.23	5	0.61	3
		美	11	42.3	1	9	1	259	32.2	1	208	1	0.74	1	787	47.9	1	3163	39.7	1	0.88	1	1.62	1

注：生态与环境科学领域共遴选出 10 个前沿，序号 1～10 为热点前沿，无新兴前沿

在“适应性进化的基因组学研究”“环境 DNA 宏条形码技术监测生物多样性”“北极海冰减少的气候效应研究”“全球性汞污染”“有机磷阻燃剂对环境和人类的影响”5 个研究前沿，美国 7 项指标均排名第 1，表现了最强的研究活跃度。并且在这 5 个研究前沿中，美国贡献的署名通讯作者的核心论文数和施引论文数也均排名第 1，处于领跑位置。其中，在“全球性汞污染”“有机磷阻燃剂对环境和人类的影响”研究前沿，上述 7 项指标中，中国均有 5 项指标排名前三，也表现了较高的活跃度，并且在该前沿贡献的署名通讯作者的核心论文数和施引论文数中国均排名第 2，处于并跑的位置。在“北极海冰减少的气候效应研究”研究前沿中，中国的国家研究前沿热度指数值为 0.52，排名第 5，也表现出较强的研究活跃度。在“适应性进化的基因组学研究”和“环境 DNA 宏条形码技术监测生物多样性”研究前沿，中国在各项指标上与美国差距较大，研究活跃度有待提高。

综上所述，该领域中国表现略逊色于美国，但领先其他国家优势明显，在个别前沿有出色表现。

13.3 地球科学领域

地球科学领域共遴选出 10 个热点前沿和 1 个新兴前沿。从该领域研究前沿整体来看，中美 7 项指标对比情况分别为，国家研究前沿热度指数 9.70 : 27.18、国家贡献度 4.83 : 12.96、国家影响度 4.87 : 14.21、核心论文份额 2.17 : 7.93、施引论文份额 2.67 : 5.03、核心论文被引频次份额 2.50 : 7.92、施引论文被引频次份额 2.37 : 6.30（数据见“2017 研究前沿热度指数”的表 12.9）。该领域各项指标中国与美国都存在一定差距。美国的国家研究前沿热度指数得分世界排名第 1，表现最活跃。中国排名第 3，仅次于美国和英国，与英国整体水平相当，处于第 2 梯队，研究活跃度也有不错表现。

就具体前沿而言（表 13.3），在“中国华北克拉通前寒武纪地质演化研究”前沿，贡献的署名通讯作者的核心论文和施引论文中国均排名第 1，领跑这个前沿的发展。而且在该前沿中国在 7 项指标上均排名第 1，表现出最强的研究活跃度。在该前沿美国 7 项指标均排名第 4，在研究活跃度上也有不错的表现，美国贡献的署名通讯作者的核心论文数为 0，署名通讯作者的施引论文数排名第 5，处在跟跑的位置。在“页岩气储层孔隙系统类型及表征”热点前沿，中国在国家贡献度、核心论文份额、施引论文份额 3 个指标均排名第 1，并且，在该前沿贡献的署名通讯作者的施引论文数中国排名第 1，可见中国在该前沿的活跃度也很强。

在“利用好奇号任务开展盖尔陨石坑的岩石矿物学研究”“末次间冰期 CO_2 浓度升高对海洋环流的影响”“大气中的碳黑在气候系统中的作用”“大气气溶胶成核机理研究”“尘埃及生物气溶胶在大气冰核核化过程中的作用”“热带地区森林碳储量和碳排放估算研究”“CMIP5 地球系统模式对陆地碳循环的模拟与评估”“流

表 13.3 地球科学领域 11 个前沿中国和美国的热度指数、贡献度和影响度以及发展状态对比

序号	前沿名称		国家研究前沿热度指数																				
			国家贡献度												国家影响度								值	排名
			国家核心论文					国家施引论文					值	排名	国家核心论文			国家施引论文			值	排名		
			论文/篇	比例/%	排名	署名通讯作者论文/篇	通讯作者论文排名	论文/篇	比例/%	排名	署名通讯作者论文/篇	通讯作者论文排名			被引频次	比例/%	排名	被引频次	比例/%	排名				
1	利用好奇号任务开展盖尔陨石坑的岩石矿物学研究	中	1	4.2	8	0	—	36	4.4	7	32	5	0.09	9	117	7.8	8	62	1.0	17	0.09	10	0.17	10
		美	24	100.0	1	22	1	577	70.9	1	414	1	1.71	1	1496	100.0	1	5406	86.4	1	1.86	1	3.57	1
2	末次间冰期 CO_2 浓度升高对海洋环流的影响	中	3	15.8	7	0	—	98	10.9	6	53	5	0.27	6	339	25.8	5	876	12.6	8	0.38	6	0.65	6
		美	12	63.2	1	10	1	464	51.6	1	313	1	1.15	1	876	66.6	1	3810	54.8	1	1.21	1	2.36	1
3	大气中的碳黑在气候系统中的作用	中	4	30.8	2	2	2	246	22.0	2	173	2	0.53	2	993	59.4	2	2393	28.6	2	0.88	2	1.41	2
		美	13	100.0	1	10	1	590	52.7	1	414	1	1.53	1	1672	100.0	1	5897	70.5	1	1.7	1	3.23	1
4	大气气溶胶成核机理研究	中	1	4.3	16	0	—	240	18.9	3	166	3	0.23	10	275	10.8	13	2384	16.8	5	0.28	10	0.51	10
		美	20	87.0	1	5	3	584	45.9	1	365	1	1.33	1	2360	92.6	1	8672	61.3	1	1.54	1	2.87	1
5	尘埃及生物气溶胶在大气冰核核化过程中的作用	中	0	0	—	0	—	89	12.8	4	60	4	0.13	8	0	0	—	454	7.2	6	0.07	9	0.2	9
		美	11	61.1	1	7	1	355	50.9	1	257	1	1.12	1	780	54.2	1	3405	54.1	1	1.08	1	2.2	1
6	中国华北克拉通前寒武纪地质演化研究	中	48	100.0	1	45	1	1143	93.2	1	1083	1	1.93	1	4054	100.0	1	14013	92.9	1	1.93	1	3.86	1
		美	8	16.7	4	0	—	70	5.7	4	10	5	0.22	4	376	9.3	4	1139	7.5	4	0.17	4	0.39	4

续表

序号	前沿名称		国家研究前沿热度指数																					
			国家贡献度												国家影响度								值	排名
			国家核心论文					国家施引论文					值	排名	国家核心论文			国家施引论文			值	排名		
			论文/篇	比例/%	排名	署名通讯作者论文/篇	通讯作者论文排名	论文/篇	比例/%	排名	署名通讯作者论文/篇	通讯作者论文排名			被引频次	比例/%	排名	被引频次	比例/%	排名				
7	热带地区森林碳储量和碳排放估算研究	中	0	0	—	0	—	78	9.9	8	48	4	0.1	19	0	0	—	471	5.3	16	0.05	23	0.15	22
		美	8	100.0	1	6	1	406	51.7	1	264	1	1.52	1	1140	100.0	1	6505	73.5	1	1.73	1	3.25	1
8	页岩气储层孔隙系统类型及表征	中	18	45.0	1	13	2	488	55.0	1	437	1	1	1	725	26.4	2	2199	40.3	2	0.67	2	1.67	2
		美	17	42.5	2	14	1	281	31.6	2	200	2	0.74	2	1512	55.1	1	2251	41.3	1	0.96	1	1.71	1
9	CMIP5 地球系统模式对陆地碳循环的模拟与评估	中	3	16.7	8	1	4	207	20.0	3	129	2	0.37	7	334	19.8	8	1677	18.0	6	0.38	8	0.74	8
		美	16	88.9	1	9	1	584	56.5	1	421	1	1.45	1	1527	90.3	1	6759	72.4	1	1.63	1	3.08	1
10	流体注入诱发地震研究	中	0	0	—	0	—	55	8.9	3	45	2	0.09	6	0	0	—	179	4.0	8	0.04	9	0.13	7
		美	15	93.8	1	14	1	371	59.9	1	314	1	1.54	1	1115	99.4	1	3614	80.6	1	1.8	1	3.34	1
11	强亲铁和亲铜元素在高温条件下的地球化学行为	中	0	0	—	0	—	10	10.8	6	8	6	0.11	7	0	0	—	31	10.3	7	0.11	7	0.21	7
		美	4	40.0	1	1	5	24	25.8	2	10	4	0.66	2	38	24.2	2	82	27.3	4	0.52	3	1.17	3

注：地球科学领域共遴选出 11 个前沿，序号 1～10 为热点前沿，序号 11 为新兴前沿

体注入诱发地震研究”8个热点前沿，美国在7项指标上均排名第1，表现出最强的研究活跃度。上述8个前沿中，除“大气气溶胶成核机理研究”外的7个前沿，贡献的署名通讯作者的核心论文数和施引论文数美国也均排名第1，处于领跑位置。而在“大气气溶胶成核机理研究”研究前沿，美国贡献的署名通讯作者的施引论文数也排名第1，美国贡献的署名通讯作者的核心论文数排名第3，处于并跑位置。其中，在“大气中的碳黑在气候系统中的作用”研究前沿，7项指标中国均排名第2，也表现出较高的活跃度，并且在该前沿贡献的署名通讯作者的核心论文数和施引论文数中国均排名第2，处于并跑的位置。在“CMIP5地球系统模式对陆地碳循环的模拟与评估”“流体注入诱发地震研究”研究前沿，贡献的署名通讯作者的施引论文数中国均排名第2，施引论文份额均排名第3，也表现出一定的活跃度。在“利用好奇号任务开展盖尔陨石坑的岩石矿物学研究”“末次间冰期CO_2浓度升高对海洋环流的影响”“大气气溶胶成核机理研究”“尘埃及生物气溶胶在大气冰核核化过程中的作用”“热带地区森林碳储量和碳排放估算研究”研究前沿，中国在各项指标上与美国差距较大，研究活跃度有待提高。

地球科学领域只有“强亲铁和亲铜元素在高温条件下的地球化学行为”入选新兴前沿。该前沿各项指标中国与美国都存在一定差距。该前沿贡献的署名通讯作者的核心论文数美国排名第5，处于跟跑位置，而且美国的国家研究前沿热度指数得分世界排名第3，表现较为活跃，中国排名第7。

综上所述，该领域中国表现一般，如果要缩小与美国的差距，需要付出更多的努力。

13.4 临床医学领域

临床医学领域共遴选出10个热点前沿和9个新兴前沿。从该领域研究前沿整体来看，中美7项指标对比情况分别为，国家研究前沿热度指数4.07 : 44.49、国家贡献度2.33 : 20.86、国家影响度1.74 : 23.63、核心论文份额0.83 : 12.14、施引论文份额1.50 : 8.72、核心论文被引频次份额0.77 : 12.79、施引论文被引频次份额0.97 : 10.84（数据见“2017研究前沿热度指数”的表12.11）。美国的国家研究前沿热度指数得分世界排名第1，表现最活跃，中国该指标排在第10名，与美国差异显著。

从特定研究前沿层面来看（表13.4），在“肠道菌群代谢物TMAO增加心血管疾病风险”“全外显子组测序在遗传疾病临床诊断中的应用”“青蒿素抗药性疟疾发生、传播及抗药机制”“非瓣膜性心房颤动患者新型口服抗凝药治疗有效性和安全性”“肌层浸润性膀胱肿瘤新辅助化疗”5个热点前沿以及除“抗PD-1药肿瘤免疫治疗产生免疫相关不良反应（irAEs）”和“含溴结构域（BRDs）蛋白小分子抑制剂药物发现与设计”外其他7

个新兴前沿总共12个前沿，美国在多项指标上排名第1，另在“药物洗脱支架植入术后双联抗血小板治疗最佳持续时间”前沿，除施引论文被引频次份额和国家影响度值美国均排名第2外，其他5项指标美国均排名第1。上述13个前沿美国表现了最强的研究活跃度。并且在这13个前沿中，贡献的署名通讯作者的核心论文数美国排名第1，处于领跑位置。

在“肠道菌群代谢物TMAO增加心血管疾病风险”研究前沿，中国的国家研究前沿热度指数排名第4，也表现了较强的研究活跃度。而在“全外显子组测序在遗传疾病临床诊断中的应用”“青蒿素抗药性疟疾发生、传播及抗药机制”“非瓣膜性心房颤动患者新型口服抗凝药治疗有效性和安全性”“肌层浸润性膀胱肿瘤新辅助化疗”和“药物洗脱支架植入术后双联抗血小板治疗最佳持续时间”5个前沿，中国的各项指标排名靠后，前沿研究活跃度表现一般。其中“MET 14外显子跳跃突变成非小细胞肺癌治疗新靶点”前沿，中国的国家研究前沿热度指数和国家贡献度排名第2，国家影响度排名第3，在该前沿中国表现出很强的前沿活跃度。在“寨卡病毒感染与防控”“支架植入与内膜剥脱术治疗颈动脉狭窄长期疗效比较”“质子泵抑制剂用药风险”和“21基因检测复发风险评分指导早期乳腺癌化疗决策”4个前沿，中国各项指标排名靠后，前沿活跃度表现一般。

在“放射性核素标记PSMA PET显像在前列腺癌诊疗中的作用”“生物可吸收药物洗脱支架对冠状动脉病变治疗影响”“戊型肝炎（病毒）流行、感染与治疗”和“远端缺血预处理对心外科手术损伤的保护作用”4个研究前沿，美国7项指标均排在第1～4位，也表现出很强的研究活跃度。在这4个前沿中，中国在各项指标上与美国差距较大，研究活跃度有待提高。

综上所述，该领域中国排名靠后，不仅与排名第1的美国存在很大差距，与英国、德国、法国和加拿大等国家也存在差距。这表明在该领域当前中国处在跟随阶段。相信通过科学家们的不懈努力，中国在该领域将会在更多的前沿有所贡献，并尽可能缩短跟随的时间，逐渐实现进入第1梯队的角色转变。

13.5 生物科学领域

生物科学领域共遴选出10个热点前沿和9个新兴前沿。从该领域研究前沿整体来看，中美7项指标对比情况分别为，国家研究前沿热度指数8.68 : 47.02、国家贡献度4.97 : 22.43、国家影响度3.717 : 24.59、核心论文份额2.65 : 12.76、施引论文份额2.32 : 9.67、核心论文被引频次份额1.85 : 12.93、施引论文被引频次份额1.87 : 11.67（数据见“2017研究前沿热度指数”的表12.13）。该领域各项指标中国与美国都存在较大差距。美国的国家研究前沿热度指数得分世界排名第1，表现最活跃。中国排名第4，位于美国、德国和英国之后，但领先于法国。

具体而言（表13.5），美国在除“环

表 13.4　临床医学领域 19 个前沿中国和美国的热度指数、贡献度和影响度以及发展状态对比

序号	前沿名称		国家研究前沿热度指数																					
			国家贡献度												国家影响度								值	排名
			国家核心论文					国家施引论文					值	排名	国家核心论文			国家施引论文			值	排名		
			论文/篇	比例/%	排名	署名通讯作者论文/篇	通讯作者论文排名	论文/篇	比例/%	排名	署名通讯作者论文/篇	通讯作者论文排名			被引频次	比例/%	排名	被引频次	比例/%	排名				
1	放射性核素标记 PSMA PET 显像在前列腺癌诊疗中的作用	中	0	0	—	0	—	16	3.1	10	11	9	0.03	12	0	0	—	22	0.7	18	0.01	18	0.04	15
		美	11	30.6	2	8	2	163	31.2	2	115	2	0.62	2	388	29.0	2	1036	30.7	2	0.6	2	1.21	2
2	肠道菌群代谢物 TMAO 增加心血管疾病风险	中	0	0	—	0	—	135	10.3	3	115	2	0.1	3	0	0	—	1109	5.2	10	0.05	10	0.15	4
		美	15	88.2	1	15	1	657	49.9	1	562	1	1.38	1	2230	95.6	1	12485	58.1	1	1.54	1	2.92	1
3	生物可吸收药物洗脱支架对冠状动脉病变治疗影响	中	1	3.3	18	0	—	66	10.0	6	56	5	0.13	17	32	2.0	19	502	7.7	23	0.1	26	0.23	18
		美	13	43.3	2	2	3	200	30.4	1	108	1	0.74	2	742	46.9	2	2749	42.3%	1	0.89	2	1.63	2
4	全外显子组测序在遗传疾病临床诊断中的应用	中	0	0	—	0	—	46	3.7	9	25	8	0.04	10	0	0	—	297	3.0	11	0.03	11	0.07	11
		美	13	86.7	1	13	1	816	66.1	1	713	1	1.53	1	1722	97.7	1	8026	81.2	1	1.79	1	3.32	1
5	青蒿素抗药性疟疾发生、传播及抗药机制	中	3	12.5	13	0	—	89	7.7	8	60	6	0.2	11	237	9.2	19	658	7.3	17	0.17	18	0.37	16
		美	17	70.8	1	7	1	493	42.5	1	323	1	1.13	1	2246	87.4	1	5127	57.1	1	1.44	1	2.58	1
6	药物洗脱支架植入术后双联抗血小板治疗最佳持续时间	中	0	0	—	0	—	45	6.4	10	35	5	0.06	14	0	0	—	202	2.1	25	0.02	25	0.09	24
		美	10	58.8	1	8	1	352	50.4	1	286	1	1.09	1	912	48.8	1	3305	35.1	2	0.84	2	1.93	1
7	戊型肝炎（病毒）流行、感染与治疗	中	3	12.5	7	2	5	125	14.4	3	103	3	0.27	6	367	21.0	5	1002	12.4	5	0.33	5	0.6	6
		美	10	41.7	1	4	3	161	18.5	1	115	2	0.6	1	711	40.7	3	1921	23.7	2	0.64	3	1.25	3

续表

序号	前沿名称		国家研究前沿热度指数																							
			国家贡献度													国家影响度									值	排名
			国家核心论文					国家施引论文					值	排名	国家核心论文			国家施引论文			值	排名		
			论文/篇	比例/%	排名	署名通讯作者论文/篇	通讯作者论文排名	论文/篇	比例/%	排名	署名通讯作者论文/篇	通讯作者论文排名			被引频次	比例/%	排名	被引频次	比例/%	排名				
8	非瓣膜性心房颤动患者新型口服抗凝药治疗有效性和安全性	中	0	0	—	0	—	14	1.7	16	10	15	0.02	17	0	0	—	47	0.7	23	0.01	23	0.02	18
		美	11	52.4	1	7	1	282	33.5	1	239	1	0.86	1	743	53.2	1	3221	46.9	1	1	1	1.86	1
9	远端缺血预处理对心外科手术损伤的保护作用	中	0	0	—	0	—	180	15.4	2	156	2	0.15	7	0	0	—	784	6.5	22	0.07	25	0.22	12
		美	7	24.1	3	2	5	353	30.2	1	244	1	0.54	2	561	25.4	3	2960	24.7	4	0.5	4	1.04	3
10	肌层浸润性膀胱肿瘤新辅助化疗	中	0	0	—	0	—	55	6.5	6	42	5	0.06	15	0	0	—	288	4.1	11	0.04	14	0.11	15
		美	11	73.3	1	11	1	485	57.2	1	415	1	1.31	1	1007	73.2	1	4978	71.7	1	1.45	1	2.75	1
11	寨卡病毒感染与防控	中	0	0	—	0	—	15	6.8	4	12	3	0.07	4	0	0	—	95	5.8	7	0.06	7	0.13	5
		美	6	100.0	1	6	1	117	52.9	1	104	1	1.53	1	322	100.0	1	1214	73.7	1	1.74	1	3.27	1
12	抗 PD-1 药肿瘤免疫治疗产生免疫相关不良反应（irAEs）	中	0	0	—	0	—	8	8.5	4	8	4	0.09	6	0	0	—	4	4.3	6	0.04	6	0.13	6
		美	1	12.5	4	1	3	30	31.9	1	25	1	0.44	3	13	11.5	5	26	28.3	2	0.4	3	0.84	3
13	CD19 CAR-T 细胞治疗 B 细胞恶性肿瘤临床试验	中	0	0	—	0	—	4	5.3%	7	4	5	0.05	7	0	0	—	2	1.4	14	0.01	14	0.07	12
		美	7	100.0	1	7	1	57	75.0	2	51	2	1.75	1	110	100.0	1	131	94.9	1	1.95	1	3.7	1
14	支架植入与内膜剥脱术治疗颈动脉狭窄长期疗效比较	中	0	0	—	0	—	8	9.1	5	6	4	0.09	8	0	0	—	11	8.9	7	0.09	9	0.18	8
		美	3	60.0	1	3	1	31	35.2	1	27	1	0.95	1	58	45.3	4	77	62.6	1	1.08	1	2.03	1

续表

序号	前沿名称		国家研究前沿热度指数																					
			国家贡献度												国家影响度								值	排名
			国家核心论文					国家施引论文					值	排名	国家核心论文			国家施引论文			值	排名		
			论文/篇	比例/%	排名	署名通讯作者论文/篇	通讯作者论文排名	论文/篇	比例/%	排名	署名通讯作者论文/篇	通讯作者论文排名			被引频次	比例/%	排名	被引频次	比例/%	排名				
15	Bruton 酪氨酸激酶抑制剂治疗慢性淋巴细胞性白血病新突破：二代新药及用于初治老年患者	中	1	14.3	12	0	—	5	4.0	8	5	6	0.18	13	53	26.2	10	4	2.6	10	0.29	11	0.47	12
		美	5	71.4	1	5	1	66	53.2	1	58	1	1.25	1	168	83.2	1	120	79.5	1	1.63	1	2.87	1
16	质子泵抑制剂用药风险	中	0	0	—	0	—	3	3.2	10	2	7	0.03	10	0	0	—	1	1.1	4	0.01	6	0.04	10
		美	2	66.7	1	2	1	60	63.2	1	57	1	1.3	1	83	76.1	1	84	96.6	1	1.73	1	3.03	1
17	21 基因检测复发风险评分指导早期乳腺癌化疗决策	中	0	0	—	0	—	5	5.1	6	5	5	0.05	8	0	0	—	3	4.5	10	0.04	12	0.1	10
		美	2	66.7	1	2	1	56	56.6	1	48	1	1.23	1	97	93.3	1	51	76.1	1	1.69	1	2.93	1
18	MET 14 外显子跳跃突变成非小细胞肺癌治疗新靶点	中	2	40.0	2	—	—	15	15.8	2	9	2	0.56	2	27	18.5	3	23	10.9	4	0.29	3	0.85	2
		美	5	100.0	1	5	1	55	57.9	1	51	1	1.58	1	146	100.0	1	112	53.1	1	1.53	1	3.11	1
19	含溴结构域（BRDs）蛋白小分子抑制剂药物发现与设计	中	0	0	—	0	—	18	13.2	4	12	3	0.13	5	0	0	—	52	7.6	5	0.08	5	0.21	5
		美	8	66.7	1	4	2	49	36.0	2	38	2	1.03	1	206	71.3	2	330	48.3	2	1.2	2	2.22	1

注：临床医学领域共遴选出 19 个前沿，序号 1～10 为热点前沿，序号 11～19 为新兴前沿

状 RNAs 的起源、鉴定与功能研究”之外的 9 个热点前沿以及除“抗体－药物偶联物的检测与表征方法”“先天淋巴细胞的可塑性”和“剪接体（U4 / U6.U5 tri-snRNP）高分辨率的分子结构”之外的 6 个新兴前沿，总共 15 个研究前沿中的各项指标均排名第 1，表现出最强活跃度，并领跑这 15 个研究前沿的发展。其中，在“mRNA 甲基化修饰的调控机制与功能研究”热点前沿，中国的多项指标均排名第 2，取得了仅次于美国的研究活跃度。并且在“微生物‘暗物质’的探索及其基因组信息分析”前沿，贡献的署名通讯作者的核心论文数和施引论文数中国均排名第 2，处于并跑位置。

在“获得性性状跨代遗传机理研究”“冷冻电镜技术在生物大分子三维结构解析中的应用”2 个热点前沿贡献的署名通讯作者的核心论文数和施引论文数中国分别排在第 3~6 名，处于跟跑位置，值得注意的是在“环状 RNAs 的起源、鉴定与功能研究”前沿，核心论文份额及贡献的署名通讯作者的核心论文数中国均排名第 1~2，并跑美国。中国在“寨卡病毒结构及其致病机理”“组蛋白甲基转移酶活性及其结构基础”“RAS 构象的变构与协作”及“剪接体（U4 / U6.U5 tri-snRNP）高分辨率的分子结构”4 个新兴前沿中，署名通讯作者的核心论文数和施引论文数排在第 2 位，均处于并跑位置。中国在“剪接体（U4 / U6.U5 tri-snRNP）高分辨率的分子结构”研究前沿的国家研究前沿热度指数和国家影响度两项指标上排名世界第 1，并在施引论文被引频次份额排名第 1，在核心论文份额、核心论文被引频次份额和施引论文份额 3 个指标上排名第 2，表现出了较强的活跃度。在“环状 RNAs 的起源、鉴定与功能研究”以及“mRNA 甲基化修饰的调控机制与功能研究”热点前沿，中国的国家研究前沿热度指数均排名第 2，表现了较强的活跃度。在该领域的其他前沿中，中国的多项指标均与美国有较大差距，研究活跃度有待提高。

综上所述，该领域无论在前沿活跃度上还是在所处领跑、并跑和跟跑状态的界定上，中国与美国存在较大差距，但中国也在个别前沿有不错的表现。

13.6 化学与材料科学领域

化学与材料科学领域共遴选出 26 个前沿，即 10 个热点前沿和 16 个新兴前沿，在 10 个领域中遴选出的前沿数量最多。从该领域研究前沿整体来看，中美 7 项指标对比情况分别为，国家研究前沿热度指数 38.80 : 25.69、国家贡献度 20.27 : 11.44、国家影响度 18.53 : 14.25、核心论文份额 8.99 : 6.52、施引论文份额 11.28 : 4.91、核心论文被引频次份额 8.47 : 7.13、施引论文被引频次份额 10.05 : 7.12（数据见“2017 研究前沿热度指数”的表 12.15），可见，该领域各项指标中国表现均优于美国。中国的国家研究前沿热度指数得分世界排名第 1，美国排名第 2，表现较为活跃。

从特定研究前沿层面来看（表 13.6），在“三价钴催化的碳氢键活化反应”“钙钛矿太阳能电池中新型有机空穴传输材料”“非富勒烯型聚合物太阳能电池”“纳

表 13.5　生物科学领域 19 个前沿中国和美国的热度指数、贡献度和影响度以及发展状态对比

序号	前沿名称		国家研究前沿热度指数																				
			国家贡献度												国家影响度								值	排名
			国家核心论文					国家施引论文					值	排名	国家核心论文			国家施引论文			值	排名		
			论文/篇	比例/%	排名	署名通讯作者论文/篇	通讯作者论文排名	论文/篇	比例/%	排名	署名通讯作者论文/篇	通讯作者论文排名			被引频次	比例/%	排名	被引频次	比例/%	排名				
1	环状 RNAs 的起源、鉴定与功能研究	中	8	33.3	1	7	1	220	28.2	2	200	2	0.62	2	293	12.1	4	2126	16.4	2	0.29	3	0.9	2
		美	7	29.2	2	7	1	260	33.3	1	202	1	0.62	1	756	31.2	2	6538	50.5	1	0.82	1	1.44	1
2	获得性性状跨代遗传机理研究	中	1	7.1	7	1	4	53	6.0	7	45	6	0.13	10	42	3.1	8	164	2.1	14	0.05	10	0.18	11
		美	9	64.3	1	6	1	419	47.5	1	354	1	1.12	1	1041	76.5	1	4275	54.3	1	1.31	1	2.43	1
3	冷冻电镜技术在生物大分子三维结构解析中的应用	中	5	13.2	3	3	3	189	10.4	4	145	4	0.24	4	359	9.4	3	1265	7.5	4	0.17	4	0.4	4
		美	16	42.1	1	15	1	867	47.8	1	705	1	0.9	1	1926	50.2	1	9575	56.8	1	1.07	1	1.97	1
4	mRNA 甲基化修饰的调控机制与功能研究	中	7	18.9	2	4	2	206	14.9	2	168	2	0.34	2	826	21.4	2	1877	11.1	3	0.32	2	0.66	2
		美	29	78.4	1	25	1	722	52.3	1	596	1	1.31	1	3019	78.1	1	10879	64.2	1	1.42	1	2.73	1
5	基于高通量的染色质构象捕获及其衍生技术应用	中	3	21.4	3	0	—	118	7.9	5	72	5	0.29	3	248	7.9	6	1878	7.3	6	0.15	6	0.45	5
		美	13	92.9	1	11	1	810	54.4	1	677	1	1.47	1	2689	86.0	1	18276	70.9	1	1.57	1	3.04	1
6	组织和器官的 3D 生物打印方法与应用	中	1	3.6	8	1	6	240	15.6	2	196	2	0.19	5	8	0.3	15	1165	8.9	3	0.09	7	0.28	6
		美	19	67.9	1	16	1	724	47.2	1	606	1	1.15	1	1997	75.9	1	7622	58.5	1	1.34	1	2.49	1
7	骨髓造血干细胞微环境的鉴定	中	0	0	—	0	—	105	8.2	5	80	4	0.08	11	0	0	—	674	3.8	10	0.04	11	0.12	10
		美	13	92.9	1	13	1	669	52.4	1	564	1	1.45	1	2169	99.5	1	12584	71.8	1	1.71	1	3.17	1

续表

序号	前沿名称		国家研究前沿热度指数																					
			国家贡献度												国家影响度								值	排名
			国家核心论文					国家施引论文					值	排名	国家核心论文			国家施引论文			值	排名		
			论文/篇	比例/%	排名	署名通讯作者论文/篇	通讯作者论文排名	论文/篇	比例/%	排名	署名通讯作者论文/篇	通讯作者论文排名			被引频次	比例/%	排名	被引频次	比例/%	排名				
8	透明脑结构光学成像技术与方法	中	0	0	—	0	—	64	7.8	5	50	5	0.08	9	0	0	—	305	3.8	8	0.04	10	0.12	9
		美	8	53.3	1	8	1	417	50.5	1	362	1	1.04	1	1001	58.3	1	5060	63.0	1	1.21	1	2.25	1
9	长链非编码 RNA（lncRNA）的表达及其生物学功能	中	0	0	—	0	—	63	6.4	4	47	4	0.06	9	0	0	—	1044	4.8	6	0.05	8	0.11	9
		美	9	69.2	1	9	1	519	52.5	1	459	1	1.22	1	1401	87.3	1	15612	72.0	1	1.59	1	2.81	1
10	微生物“暗物质”的探索及其基因组信息分析	中	3	21.4	3	2	2	133	12.7	2	98	2	0.34	3	280	18.1	8	1206	11.7	7	0.3	8	0.64	6
		美	10	71.4	1	7	1	498	47.4	1	392	1	1.19	1	1061	68.8	1	6279	60.8	1	1.3	1	2.48	1
11	寨卡病毒结构及其致病机理	中	3	15.0	3	3	2	21	12.7	2	19	2	0.28	3	56	15.6	3	71	14.3	3	0.3	3	0.58	3
		美	12	60.0	1	12	1	103	62.0	1	91	1	1.22	1	224	62.4	1	388	77.9	1	1.4	1	2.62	1
12	中性粒细胞与细胞凋亡	中	0	0	—	0	—	7	8.8	3	4	5	0.09	6	0	0	—	3	3.8	8	0.04	11	0.13	9
		美	4	57.1	1	3	1	31	38.8	1	27	1	0.96	1	73	64.0	1	24	30.4	1	0.94	1	1.9	1
13	抗体 - 药物偶联物的检测与表征方法	中	0	0	—	0	—	4	6.2	5	4	4	0.06	6	0	0	—	0	0	—	0	—	0.06	8
		美	4	44.4	2	4	1	29	44.6	1	23	1	0.89	2	35	32.1	3	44	28.9	3	0.61	3	1.5	3
14	先天淋巴细胞的可塑性	中	0	0	—	0	—	3	4.9	8	2	8	0.05	8	0	0	—	0	0	—	0	—	0.05	9
		美	3	50.0	1	2	1	27	44.3	1	25	1	0.94	1	35	32.4	4	126	58.9	1	0.91	1	1.86	1

续表

序号	前沿名称		国家研究前沿热度指数																				
			国家贡献度												国家影响度								值	排名
			国家核心论文					国家施引论文					值	排名	国家核心论文			国家施引论文			值	排名		
			论文/篇	比例/%	排名	署名通讯作者论文/篇	通讯作者论文排名	论文/篇	比例/%	排名	署名通讯作者论文/篇	通讯作者论文排名			被引频次	比例/%	排名	被引频次	比例/%	排名				
15	组蛋白甲基转移酶活性及其结构基础	中	2	50.0	2	1	2	12	12.1	2	10	2	0.62	2	23	21.5	2	10	5.0	6	0.26	2	0.89	2
		美	4	100.0	1	2	1	56	56.6	1	50	1	1.57	1	107	100.0	1	130	64.4	1	1.64	1	3.21	1
16	蚊子的基因渗入及其网状系统发育模式	中	0	0	—	0	—	13	9.5	3	9	3	0.09	11	0	0	—	36	9.5	5	0.09	11	0.19	11
		美	6	100.0	1	6	1	97	70.8	1	82	1	1.71	1	171	100.0	1	330	86.8	1	1.87	1	3.58	1
17	活细胞中单个mRNA的翻译动力学及其转录翻译实时成像	中	0	0	—	0	—	9	8.7	3	8	4	0.09	5	0	0	—	30	10.9	2	0.11	5	0.2	5
		美	7	100.0	1	5	1	47	45.2	1	43	1	1.45	1	164	100.0	1	204	74.2	1	1.74	1	3.19	1
18	RAS构象的变构与协作	中	5	55.6	3	4	2	21	33.9	2	17	2	0.89	3	45	36.3	4	55	26.6	4	0.63	4	1.52	3
		美	7	77.8	1	7	1	43	69.4	1	38	1	1.47	1	102	82.3	1	180	87.0	1	1.69	1	3.16	1
19	剪接体（U4 / U6.U5 tri-snRNP）高分辨率的分子结构	中	2	25.0	2	2	2	21	17.5	2	21	2	0.43	3	84	39.1	2	180	39.6	1	0.79	1	1.21	1
		美	2	25.0	2	1	3	60	50.0	1	50	1	0.75	1	16	7.4	4	160	35.2	2	0.43	3	1.18	2

注：生物科学领域共遴选出19个前沿，序号1～10为热点前沿，序号11～19为新兴前沿

米组装学”“基于 $NiCo_2S_4$ 的高性能超级电容器”和“三重态－三重态湮灭上转换”6个热点前沿的多项指标得分上中国高于美国，取得了超过美国的研究活跃度。并且在“钙钛矿太阳能电池中新型有机空穴传输材料”“非富勒烯型聚合物太阳能电池”“基于 $NiCo_2S_4$ 的高性能超级电容器”和“三重态－三重态湮灭上转换”4个前沿，贡献的署名通讯作者的核心论文数和施引论文数中国均排名第1，领跑这4个前沿的发展。非常值得关注的是在“钙钛矿太阳能电池中新型有机空穴传输材料”“非富勒烯型聚合物太阳能电池”“基于 $NiCo_2S_4$ 的高性能超级电容器”和“三重态－三重态湮灭上转换”4个研究前沿，中国在国家研究前沿热度指数、国家贡献度、国家影响度、核心论文份额、施引论文份额、核心论文被引频次份额、施引论文被引频次份额7项指标上均排名第1，表现出最强的研究活跃度；在这4个研究前沿中美国7项指标均排名靠前，也表现了较强的研究活跃度。在“三价钴催化的碳氢键活化反应”研究前沿中，中国在国家研究前沿热度指数、国家贡献度、施引论文份额、施引论文被引频次份额4项指标上均排名第1，表现出最强的研究活跃度；美国在该前沿各项指标上均排在第4名左右，也表现出较强的研究活跃度。在“纳米组装学”研究前沿，中国贡献的署名通讯作者的施引论文数排名第1，其他各项指标排在第2～4名，也表现出较强的前沿活跃度；美国在该研究前沿各项指标上排在第3～5名，紧跟中国，也有不错的表现。

在“间位碳氢键的官能团化”热点前沿，美国该前沿除了施引论文份额、施引论文被引频次份额排名第2，其他各项研究指标均排名第1，表现出了最强的研究活跃度；中国在施引论文份额、施引论文被引频次份额上排名第1，但没有贡献核心论文，表明中国在该前沿只在跟进，尚未产生有影响的重大成果。在“可见光诱导的活性自由基聚合”热点前沿中，美国各项指标均排名第1，表现出了最强的研究活跃度；中国各项指标排在第2～9名，有的指标也有不错的表现，紧随美国之后，也有较强的研究活跃度。在“全聚合物太阳能电池”和“具有精确原子结构和配体修饰的金纳米簇”研究前沿中，美国在国家研究前沿热度指数、国家贡献度、国家影响度、核心论文份额、核心论文被引频次份额和施引论文被引频次份额上均排名第1，在施引论文份额上排名第2，表现出了最强的研究活跃度；中国在施引论文份额上排名第1，其他指标排在第2～3名，紧随美国，也表现出很强的研究活跃度。

从化学与材料科学领域新兴前沿特定研究前沿层面来看，非常值得关注的是在“共价有机框架化合物”“镝单离子磁体”“无机铅卤钙钛矿纳米晶发光材料（$CsPbX_3$）”“基于柱芳烃主客体分子识别的超分子自组装及其应用”和“基于铁－镍的阳极析氧催化剂”5个前沿中，在7项指标上中国均排名第1，表现了最强的研究活跃度；贡献的署名通讯作者的核心论文数和施引论文数中国均排名第1，领跑这5个前沿的发展。在“共价有机框架

表 13.6 化学与材料科学领域 26 个前沿中国和美国的热度指数、贡献度和影响度以及发展状态对比

序号	前沿名称		国家研究前沿热度指数																					
			国家贡献度												国家影响度								值	排名
			国家核心论文					国家施引论文					值	排名	国家核心论文			国家施引论文			值	排名		
			论文/篇	比例/%	排名	署名通讯作者论文/篇	通讯作者论文排名	论文/篇	比例/%	排名	署名通讯作者论文/篇	通讯作者论文排名			被引频次	比例/%	排名	被引频次	比例/%	排名				
1	三价钴催化的碳氢键活化反应	中	10	27.8	2	10	2	250	44.8	1	248	1	0.73	1	317	14.5	4	2382	30.8	1	0.45	2	1.18	1
		美	4	11.1	4	4	4	53	9.5	4	44	4	0.21	4	389	17.8	3	1154	14.9	3	0.33	4	0.53	4
2	钙钛矿太阳能电池中新型有机空穴传输材料	中	13	44.8	1	11	1	433	43.3	1	400	1	0.88	1	927	39.3	1	6643	23.6	1	0.63	1	1.51	1
		美	3	10.3	6	2	6	157	15.7	2	123	2	0.26	5	83	3.5	10	5529	19.6	3	0.23	4	0.49	4
3	可见光诱导的活性自由基聚合	中	1	3.3	4	1	4	145	28.3	2	129	2	0.32	3	23	1.2	9	1178	12.6	3	0.14	4	0.46	3
		美	15	50.0	1	14	1	156	30.5	1	136	1	0.8	1	1221	65.2	1	5243	56.3	1	1.21	1	2.02	1
4	非富勒烯型聚合物太阳能电池	中	25	56.8	1	23	1	480	46.6	1	441	1	1.03	1	2073	58.7	1	8566	43.6	1	1.02	1	2.06	1
		美	16	36.4	2	13	2	243	23.6	2	174	2	0.6	2	1169	33.1	2	8311	42.3	2	0.75	2	1.35	2
5	纳米组装学	中	8	32.0	2	7	2	601	31.0	1	547	1	0.63	2	201	7.1	4	5465	25.7	2	0.33	3	0.96	2
		美	2	8.0	3	1	4	165	8.5	5	126	5	0.17	3	200	7.0	5	2159	10.2	3	0.17	5	0.34	5
6	全聚合物太阳能电池	中	5	22.7	2	4	3	355	43.5	1	328	1	0.66	2	425	19.8	3	5659	35.2	2	0.55	2	1.21	2
		美	13	59.1	1	7	1	187	22.9	2	136	2	0.82	1	1327	61.8	1	6802	42.3	1	1.04	1	1.86	1
7	基于 $NiCo_2S_4$ 的高性能超级电容器	中	22	88.0	1	21	1	703	78.5	1	679	1	1.67	1	1788	83.4	1	7645	74.8	1	1.58	1	3.25	1
		美	0	0	—	0	—	63	7.0	4	28	5	0.07	5	0	0	—	629	6.2	4	0.06	5	0.13	5

续表

序号	前沿名称		国家研究前沿热度指数																					
			国家贡献度												国家影响度								值	排名
			国家核心论文					国家施引论文					值	排名	国家核心论文			国家施引论文			值	排名		
			论文/篇	比例/%	排名	署名通讯作者论文/篇	通讯作者论文排名	论文/篇	比例/%	排名	署名通讯作者论文/篇	通讯作者论文排名			被引频次	比例/%	排名	被引频次	比例/%	排名				
8	间位碳氢键的官能团化	中	0	0	—	0	—	282	39.9	1	275	1	0.4	2	0	0	—	5343	30.7	1	0.31	3	0.71	2
		美	10	50.0	1	10	1	134	19.0	2	112	2	0.69	1	947	61.0	1	4086	23.5	2	0.84	1	1.53	1
9	三重态－三重态湮灭上转换	中	5	23.8	1	5	1	676	40.4	1	636	1	0.64	1	892	30.3	1	12124	49.3	1	0.8	1	1.44	1
		美	5	23.8	1	5	1	240	14.3	2	192	2	0.38	2	563	19.1	3	3258	13.2	2	0.32	2	0.71	2
10	具有精确原子结构和配体修饰的金纳米簇	中	2	13.3	3	2	3	274	37.8	1	250	1	0.51	2	146	9.1	3	3006	28.0	2	0.37	2	0.88	2
		美	14	93.3	1	11	1	264	36.4	2	191	2	1.3	1	1552	97.1	1	5055	47.0	1	1.44	1	2.74	1
11	共价有机框架化合物	中	4	44.4	1	3	1	39	52.0	1	38	1	0.96	1	66	54.5	1	27	57.4	1	1.12	1	2.08	1
		美	2	22.2	3	1	4	19	25.3	2	17	2	0.48	3	26	21.5	4	14	29.8	2	0.51	2	0.99	2
12	镝单离子磁体	中	2	50.0	1	2	1	38	49.4	1	37	1	0.99	1	66	59.5	1	111	56.6	1	1.16	1	2.15	1
		美	0	0	—	0	—	4	5.2	8	3	7	0.05	9	0	0	—	0	0	—	0	—	0.05	12
13	三价铑催化合成吲哚类化合物	中	7	77.8	2	7	2	38	79.2	1	37	1	1.57	2	78	77.2	2	127	92.0	2	1.69	2	3.26	2
		美	0	0	—	0	—	2	4.2	8	2	6	0.04	8	0	0	—	5	3.6	9	0.04	10	0.08	9
14	无机铅卤钙钛矿纳米晶发光材料（$CsPbX_3$）	中	3	37.5	1	2	1	31	35.2	1	28	1	0.73	1	51	38.3	1	56	27.2	1	0.66	1	1.38	1
		美	1	12.5	4	1	3	19	21.6	2	17	2	0.34	3	31	23.3	3	29	14.1	2	0.37	3	0.71	3

续表

序号	前沿名称		国家研究前沿热度指数																					
			国家贡献度												国家影响度								值	排名
			国家核心论文					国家施引论文					值	排名	国家核心论文			国家施引论文			值	排名		
			论文/篇	比例/%	排名	署名通讯作者论文/篇	通讯作者论文排名	论文/篇	比例/%	排名	署名通讯作者论文/篇	通讯作者论文排名			被引频次	比例/%	排名	被引频次	比例/%	排名				
15	基于无机吸光层（$CsPbX_3$）的钙钛矿型太阳能电池	中	0	0	—	0	—	29	26.4	2	25	2	0.26	4	0	0	—	269	20.9	2	0.21	4	0.47	4
		美	1	25.0	2	1	2	36	32.7	1	33	1	0.58	2	27	19.3	2	502	38.9	1	0.58	2	1.16	2
16	基于柱芳烃主客体分子识别的超分子自组装及其应用	中	5	100.0	1	5	1	83	73.5	1	83	1	1.73	1	132	100.0	1	226	75.1	1	1.75	1	3.49	1
		美	0	0	—	0	—	9	8.0	2	6	2	0.08	2	0	0	—	18	6.0	3	0.06	3	0.14	2
17	位点特异的蛋白质改性化学	中	0	0	—	0	—	13	14.1	3	11	2	0.14	7	0	0	—	9	4.3	7	0.04	10	0.18	10
		美	1	20.0	3	1	3	31	33.7	1	27	1	0.54	3	14	12.0	4	91	43.3	1	0.55	4	1.09	3
18	连续流动光化学合成反应	中	0	0	—	0	—	18	20.7	1	17	1	0.21	5	0	0	—	19	6.3	5	0.06	6	0.27	6
		美	0	0	—	0	—	9	10.3	3	9	3	0.1	6	0	0	—	104	34.3	1	0.34	4	0.45	5
19	可见光氧化还原催化的烯烃氟烷基化反应	中	3	50.0	1	3	1	46	46.9	1	46	1	0.97	1	50	29.4	2	183	31.0	1	0.6	2	1.57	1
		美	1	16.7	2	1	2	14	14.3	2	12	2	0.31	2	56	32.9	1	176	29.8	2	0.63	1	0.94	2
20	基于铁－镍的阳极析氧催化剂	中	4	66.7	1	3	1	69	62.2	1	64	1	1.29	1	132	85.7	1	346	56.9	1	1.43	1	2.71	1
		美	1	16.7	2	1	2	15	13.5	2	14	2	0.3	2	13	8.4	3	176	28.9	2	0.37	3	0.68	3
21	液相剥离法制备二维纳米片材料	中	2	33.3	2	2	2	53	46.1	1	45	1	0.79	2	55	38.2	2	345	67.9	1	1.06	1	1.86	2
		美	2	33.3	2	0	—	29	25.2	2	20	2	0.59	3	55	38.2	2	244	48.0	2	0.86	3	1.45	3

续表

序号	前沿名称		国家研究前沿热度指数																					
			国家贡献度												国家影响度								值	排名
			国家核心论文					国家施引论文					值	排名	国家核心论文			国家施引论文			值	排名		
			论文/篇	比例/%	排名	署名通讯作者论文/篇	通讯作者论文排名	论文/篇	比例/%	排名	署名通讯作者论文/篇	通讯作者论文排名			被引频次	比例/%	排名	被引频次	比例/%	排名				
22	不含铅的钙钛矿型太阳能电池吸光材料	中	2	28.6	2	0	—	23	30.3	2	16	2	0.59	2	47	33.3	2	37	11.6	3	0.45	2	1.04	2
		美	4	57.1	1	4	1	26	34.2	1	26	1	0.91	1	84	59.6	1	163	51.1	1	1.11	1	2.02	1
23	基于非贵金属的双功能电解水催化剂	中	5	29.4	2	4	2	199	64.4	1	183	1	0.94	1	88	14.2	2	962	57.1	1	0.71	2	1.65	1
		美	6	35.3	1	6	1	61	19.7	2	54	2	0.55	2	374	60.5	1	437	25.9	2	0.86	1	1.41	2
24	过渡金属催化的酰胺碳氮键断裂反应	中	2	28.6	2	2	2	43	46.2	1	41	1	0.75	2	56	28.3	2	131	28.6	2	0.57	2	1.32	2
		美	5	71.4	1	5	1	32	34.4	2	30	2	1.06	1	142	71.7	1	294	64.2	1	1.36	1	2.42	1
25	非贵金属催化的烯烃 / 炔烃硅氢化反应	中	2	40.0	4	2	3	20	22.5	4	20	3	0.62	4	29	25.0	7	44	21.3	5	0.46	6	1.09	4
		美	0	0	—	0	—	14	15.7	5	14	4	0.16	8	0	0	—	33	15.9	7	0.16	9	0.32	9
26	近红外发光稀土纳米温度计	中	0	0	—	0	—	17	25.0	2	16	2	0.25	6	0	0	—	122	37.1	2	0.37	4	0.62	4
		美	0	0	—	0	—	4	5.9	6	2	7	0.06	8	0	0	—	8	2.4	14	0.02	14	0.08	13

注：化学与材料科学领域共遴选出 26 个前沿，序号 1～10 为热点前沿，序号 11～26 为新兴前沿

化合物”“无机铅卤钙钛矿纳米晶发光材料（$CsPbX_3$）”和“基于铁－镍的阳极析氧催化剂”3个前沿中，美国各项指标排在第2～4名，表现出较强的活跃度。不过美国在“镝单离子磁体”和“基于柱芳烃主客体分子识别的超分子自组装及其应用”前沿中没有相应的研究贡献。在“三价铑催化合成吲哚类化合物”新兴前沿中，中国的施引论文份额是第1名，其他各项指标均是第2名，表现出较强的研究活跃度；美国的各项指标与中国有不小的差距。在“液相剥离法制备二维纳米片材料”新兴前沿中，中国的国家影响度、施引论文份额和施引论文被引频次份额3个指标排名第1，其他指标排名第2，表现出很强的研究活跃度；美国的多项指标排名紧随中国，排在第2～3名，与中国并行，都有很强的研究活跃度，但署名通讯作者核心论文为0，因此美国在此前沿尚未形成主导优势。在“非贵金属催化的烯烃/炔烃硅氢化反应”新兴前沿中，中国的各项研究指标在第3～7名，有很强的研究活跃度；美国各项指标在第4～9名，在研究活跃度方面也有不错的表现。

在“基于无机吸光层（$CsPbX_3$）的钙钛矿型太阳能电池”“位点特异的蛋白质改性化学”和“不含铅的钙钛矿型太阳能电池吸光材料”3个新兴前沿中，美国在各项指标得分上均高于中国，取得了超过中国的研究活跃度。并且在“不含铅的钙钛矿型太阳能电池吸光材料”的新兴前沿中，美国各项指标均排名第1，处于领跑地位，中国紧随其后，各项指标得分排在第2～3名，但中国并没有贡献署名通讯作者核心论文，因此该前沿仍处于跟跑状态。

综上所述，该领域中国领先于美国，在较多前沿取得优势，但美国也在个别前沿的表现超越中国。希望中国不断扩大领先前沿的覆盖范围，进一步确立和巩固中国在该领域的领先优势。

13.7 物理学领域

物理学领域共遴选出15个前沿，包括10个热点前沿和5个新兴前沿。从该领域热点前沿整体来看，中美7项指标对比情况分别为，国家研究前沿热度指数14.33∶29.56、国家贡献度6.91∶13.73、国家影响度7.41∶15.83、核心论文份额3.42∶7.85、施引论文份额3.49∶5.88、核心论文被引频次份额4.12∶8.08、施引论文被引频次份额3.29∶7.76（数据见“2017研究前沿热度指数”的表12.17），可见，该领域各项指标中国与美国之间差距明显。美国的国家研究前沿热度指数得分世界排名第1，表现最活跃，中国排名第3，位列美国和德国之后。

从特定研究前沿层面来看（表13.7），在“四夸克态和五夸克态的实验和理论研究”和“基于二维材料可饱和吸收体的锁模光纤激光器”2个热点前沿中国7项指标均排名第1，领先美国（只有“四夸克态和五夸克态的实验和理论研究”前沿中国的核心论文被引频次略低于美国），表现出最强的前沿活跃度，并且在这2个前

表 13.7　物理学领域 15 个前沿中国和美国的热度指数、贡献度和影响度以及发展状态对比

序号	前沿名称		国家研究前沿热度指数																				
			国家贡献度												国家影响度								值	排名
			国家核心论文					国家施引论文					值	排名	国家核心论文			国家施引论文			值	排名		
			论文/篇	比例/%	排名	署名通讯作者论文/篇	通讯作者论文排名	论文/篇	比例/%	排名	署名通讯作者论文/篇	通讯作者论文排名			被引频次	比例/%	排名	被引频次	比例/%	排名				
1	希格斯玻色子轻子味破缺衰变和 B 介子半轻衰变	中	8	17.4	7	2	10	75	13.4	8	39	5	0.31	8	460	20.7	9	4260	38.8	9	0.59	9	0.9	8
		美	17	37.0	2	5	3	169	30.1	1	84	1	0.67	2	984	44.2	2	6613	60.2	1	1.04	2	1.72	2
2	多体局域化系统的研究	中	0	0	—	0	—	25	6.2	8	21	4	0.06	10	0	0	—	40	0.8	18	0.01	19	0.07	10
		美	31	81.6	1	27	1	200	49.6	1	167	1	1.31	1	1688	80.3	1	3320	65.8	1	1.46	1	2.77	1
3	四夸克态和五夸克态的实验和理论研究	中	20	64.5	1	11	1	455	46.4	1	307	1	1.11	1	1929	81.3	2	8496	65.9	1	1.47	1	2.58	1
		美	18	58.1	2	4	2	314	32.0	2	117	2	0.9	2	1953	82.3	1	8290	64.3	2	1.47	2	2.37	2
4	暗物质间接探测之银河系中心伽马射线超出研究	中	4	8.2	8	3	4	84	11.8	5	57	2	0.2	6	126	3.5	13	957	7.7	11	0.11	13	0.31	8
		美	35	71.4	1	25	1	383	53.8	1	287	1	1.25	1	2793	76.9	1	8655	69.5	1	1.46	1	2.72	1
5	基于二维材料可饱和吸收体的锁模光纤激光器	中	26	72.2	1	25	1	464	67.2	1	439	1	1.39	1	2353	82.1	1	4306	69.1	1	1.51	1	2.91	1
		美	0	0	—	0	—	45	6.5	2	28	4	0.07	7	0	0	—	535	8.6	6	0.09	7	0.15	7
6	铁基超导体的电子向列相研究	中	7	28.0	3	3	4	171	23.6	2	120	2	0.52	3	274	13.4	4	2178	21.6	4	0.35	4	0.87	4
		美	15	60.0	1	11	1	365	50.3	1	260	1	1.1	1	1467	71.5	1	6581	65.4	1	1.37	1	2.47	1
7	单层 / 多层黑磷的特性及其应用	中	5	38.5	2	3	2	733	49.1	1	652	1	0.88	2	1981	38.3	2	6405	31.9	2	0.7	2	1.58	2
		美	8	61.5	1	7	1	467	31.3	2	329	2	0.93	1	2807	54.3	1	11050	55.1	1	1.09	1	2.02	1
8	钇钡铜氧化物超导体的赝能隙态研究	中	1	3.6	10	0	—	85	11.9	6	53	3	0.15	9	79	2.6	10	659	7.9	9	0.1	10	0.26	10
		美	14	50.0	3	10	1	372	52.0	1	272	1	1.02	1	1205	39.6	4	5192	62.0	1	1.02	3	2.04	1

续表

序号	前沿名称		国家研究前沿热度指数																			
			国家贡献度												国家影响度								值	排名
			国家核心论文					国家施引论文					值	排名	国家核心论文			国家施引论文			值	排名		
			论文/篇	比例/%	排名	署名通讯作者论文/篇	通讯作者论文排名	论文/篇	比例/%	排名	署名通讯作者论文/篇	通讯作者论文排名			被引频次	比例/%	排名	被引频次	比例/%	排名				
9	全息原理及其在凝聚态物理的应用	中	0	0	—	0	—	109	14.9	3	98	2	0.15	5	0	0	—	834	8.9	4	0.09	10	0.24	7
		美	16	53.3	1	13	1	238	32.5	1	181	1	0.86	1	1302	56.3	1	4228	45.3	1	1.02	1	1.87	1
10	对称保护拓扑序	中	3	11.5	3	0	—	111	13.9	4	75	3	0.25	3	626	26.0	2	1404	11.4	4	0.37	2	0.63	3
		美	26	100.0	1	24	1	465	58.2	1	353	1	1.58	1	2407	100.0	1	9495	77.1	1	1.77	1	3.35	1
11	基于 750 GeV 双光子信号的标准模型研究	中	4	50.0	1	0	—	29	29.3	2	23	2	0.3	2	81	48.2	2	43	26.9	2	0.26	3	0.56	2
		美	4	50.0	1	4	1	44	44.4	1	32	1	0.61	1	99	58.9	1	86	53.8	1	0.7	1	1.32	1
12	二硫化钼和二硒化铌的超导性研究	中	0	0	—	0	—	6	5.1	10	5	9	0.79	2	0	0	—	3	0.8	17	0.75	2	1.54	2
		美	8	72.7	1	6	1	60	51.3	1	42	1	0.94	1	135	58.4	2	208	57.1	2	1.13	1	2.07	1
13	基于手征有效场论的三体核力研究	中	1	33.3	2	0	—	33	35.1	1	29	1	0.05	14	88	83.0	2	77	16.6	3	0.01	17	0.06	15
		美	0	0	—	0	—	22	23.4	3	16	3	1.24	1	0	0	—	75	16.2	4	1.16	2	2.4	2
14	纳米受限二维冰的结构和相变	中	0	0	—	0	—	4	6.6	6	1	9	0.23	2	0	0	—	17	7.9	5	0.16	5	0.4	6
		美	3	60.0	2	3	1	25	41.0	1	21	1	0.68	5	51	45.5	2	95	44.2	2	1	2	1.68	2
15	基于里德堡偶极阻塞效应的多体物理学	中	4	14.8	2	3	3	34	14.8	2	29	2	0.07	7	157	13.5	3	473	12.7	4	0.08	6	0.14	7
		美	8	29.6	1	6	1	72	31.4	1	45	1	1.01	2	460	39.4	1	1157	31.1	1	0.9	2	1.91	2

注：物理学领域共遴选出 15 个前沿，序号 1～10 为热点前沿，序号 11～15 为新兴前沿

沿中，贡献的署名通讯作者的核心论文数和施引论文数中国均排名第 1，领跑这两个前沿的发展。其中，“四夸克态和五夸克态的实验和理论研究”前沿，美国各项指标排名紧随中国（核心论文被引频次美国甚至略超中国），也表现出较强的前沿活跃度，并且贡献的署名通讯作者的核心论文数和施引论文数美国均排名第 2，取得了并跑的位置，而在“基于二维材料可饱和吸收体的锁模光纤激光器”前沿美国缺少核心论文，前沿活跃度表现一般。

在“多体局域化系统的研究”“暗物质间接探测之银河系中心伽马射线超出研究”“铁基超导体的电子向列相研究”“单层 / 多层黑磷的特性及其应用”“全息原理及其在凝聚态物理的应用”“钇钡铜氧化物超导体的赝能隙态研究”和“对称保护拓扑序”7 个研究前沿中，美国国家前沿热度指数均排名第 1，在国家贡献度、国家影响度、核心论文份额、施引论文份额、核心论文被引频次份额、施引论文被引频次份额 6 项指标也均排在第 1～4 名，表现出最强的研究活跃度。在“铁基超导体的电子向列相研究”“单层 / 多层黑磷的特性及其应用”2 个前沿，中国 7 项指标均排第 1～4 名，与美国差距不大，也表现了较强的前沿活跃度。并且在“单层 / 多层黑磷的特性及其应用”前沿贡献的署名通讯作者的核心论文数中国排名第 2，取得了该前沿并跑的位置。在“铁基超导体的电子向列相研究”贡献的署名通讯作者的核心论文数中国排名第 4，处在跟跑位置。而在“多体局域化系统的研究”“暗物质间接探测之银河系中心伽马射线超出研究”“全息原理及其在凝聚态物理的应用”和“钇钡铜氧化物超导体的赝能隙态研究”4 个前沿中国在各项指标上与美国差距较大，研究活跃度有待提高。

在“基于 750 GeV 双光子信号的标准模型研究”新兴前沿，美国在各项指标上排名第 1，中国贡献的核心论文数与美国相同，但是中国缺乏署名通讯作者的核心论文，虽然其他指标中国已经排名第 2，但仍处于跟跑状态。在“二硫化钼和二硒化铌的超导性研究”新兴前沿中，中国在国家研究前沿热度指数这个指标上和美国差距不大，但是在其他 6 项指标上，美国都是前 3 名，中国排名靠后，且与美国差距很大，研究活跃度有待提高。在“纳米受限二维冰的结构和相变”和“基于里德堡偶极阻塞效应的多体物理学”2 个新兴前沿中，中国在各项指标上落后美国，研究活跃度有待提高。

综上所述，该领域美国优势明显，在几乎所有前沿表现活跃，并领跑该领域近 80% 的前沿发展。中国在前沿活跃度表现尚可，国家研究前沿热度指数仅次于美国和德国，并在个别前沿处于领跑位置。中国在认清差距的同时，应该在稳步推进领跑前沿研究的同时加大处在并跑位置的前沿工作力度，进一步扩大领跑前沿的覆盖范围，争取在更多的前沿有所贡献，并力争取得研究基础、研究影响力和研究发展潜力均表现卓越的前沿。

13.8 天文学与天体物理学领域

天文学与天体物理学领域共遴选出12个前沿，10个热点前沿和2个新兴前沿。从天文学与天体物理学领域整体来看，中美7项指标对比情况分别为，国家研究前沿热度指数6.84∶39.16、国家贡献度2.87∶18.29、国家影响度3.96∶20.87、核心论文份额1.49∶10.88、施引论文份额1.38∶7.41、核心论文被引频次份额1.62∶11.14、施引论文被引频次份额2.34∶9.73（数据见“2017研究前沿热度指数”的表12.19），所有指标美国均达到了中国的4倍以上，可见，该领域在各项指标对比中，美国取得了绝对优势，国家研究前沿热度指数排名第1，中国则在前五位以外，排名仅第11。

从特定研究前沿层面来看（表13.8），在该领域的所有12个研究前沿，7项指标美国均排名第1，表现出最强的前沿研究活跃度。并且除“基于‘普朗克’（Planck）卫星、‘南极望远镜’（SPT）和‘阿塔卡玛宇宙学望远镜’（ACT）等对宇宙微波背景辐射的探测研究”前沿贡献的署名通讯作者的核心论文数美国排名第2外，在该领域其他11个研究前沿贡献的署名通讯作者的核心论文数美国均排名第1，可见，美国几乎领跑了天文学与天体物理学领域的所有前沿。其中“‘太阳动力学天文台’（SDO）任务及其仪器性能以及其他相关太阳物理学研究”是中国在该领域表现最好的前沿，多项指标排在第2～5，也表现了较强的前沿研究活跃度，但署名通讯作者核心论文仍空白，表明中国在该前沿仍在跟跑状态。该领域的其他11个研究前沿，中国的各项指标与美国差距较大，前沿活跃度表现一般。

综上所述，该领域美国以压倒性的优势抢占了几乎所有前沿的领跑位置。可见，中国在天文学与天体物理学领域如果实现中美差距的缩小需要更长的时间和更多的努力。

13.9 数学、计算机科学与工程领域

数学、计算机科学与工程领域共遴选出10个热点前沿，无新兴前沿。从该领域整体来看，中美7项指标对比情况分别为，国家研究前沿热度指数14.69∶7.65、国家贡献度7.79∶3.40、国家影响度6.89∶4.25、核心论文份额3.72∶2.09、施引论文份额4.07∶1.31、核心论文被引频次份额3.21∶2.60、施引论文被引频次份额3.68∶1.65（数据见“2017研究前沿热度指数”的表12.21）。可见，除核心论文被引频次份额相差较小以外，其他各项指标中国都以较大优势领先于美国，在该领域表现出最强的活跃度。

从特定研究前沿层面来看（表13.9），在“非线性发展方程的孤子解及其在流体力学、电磁学等领域的应用”“水合物法气体分离（HBGS）技术和水合物分解特性研究”“构形理论和火积理论等传热优化理论研究与应用”“基于超级电容器的

表 13.8 天文学与天体物理学领域 12 个前沿中国和美国的热度指数、贡献度和影响度以及发展状态对比

序号	前沿名称		国家研究前沿热度指数																					
			国家贡献度												国家影响度									
			国家核心论文					国家施引论文							国家核心论文			国家施引论文						
			论文/篇	比例/%	排名	署名通讯作者论文/篇	通讯作者论文排名	论文/篇	比例/%	排名	署名通讯作者论文/篇	通讯作者论文排名	值	排名	被引频次	比例/%	排名	被引频次	比例/%	排名	值	排名	值	排名
1	南极“冰立方中微子天文台”（IceCube）和“费米伽马射线空间望远镜”（Fermi）对高能中微子和伽马射线等的观测研究	中	0	0	—	0	—	209	15.1	6	150	4	0.15	18	0	0	—	4938	25.3	9	0.25	19	0.4	19
		美	19	100.0	1	12	1	728	52.8	1	403	1	1.53	1	2517	100.0	1	14838	76.1	1	1.76	1	3.29	1
2	基于“普朗克”（Planck）卫星、“南极望远镜”（SPT）和“阿塔卡玛宇宙学望远镜”（ACT）等对宇宙微波背景辐射的探测研究	中	2	7.7	22	0	—	111	7.1	19	75	6	0.15	23	379	12.1	23	9066	25.3	21	0.37	22	0.52	22
		美	26	100.0	1	7	2	813	52.0	1	416	1	1.52	1	3139	100.0	1	29454	82.1	1	1.82	1	3.34	1
3	基于“开普勒空间望远镜”（Kepler）开展系外行星搜寻及其性质研究	中	1	2.1	17	0	—	145	5.3	16	74	6	0.07	16	60	0.8	22	1825	4.3	18	0.05	21	0.13	19
		美	46	97.9	1	44	1	1735	63.8	1	1204	1	1.62	1	7424	97.8	1	32626	77.0	1	1.75	1	3.37	1
4	暗物质探测研究	中	2	7.4	7	0	—	88	6.5	11	52	6	0.14	8	232	6.3	10	1314	5.6	11	0.12	11	0.26	9
		美	18	66.7	1	15	1	663	48.8	1	432	1	1.15	1	2693	72.8	1	14395	61.7	1	1.34	1	2.5	1
5	利用“哈勃空间望远镜”（HST）探测研究高红移星系	中	2	11.1	10	0	—	77	7.2	13	29	9	0.18	12	262	10.4	12	1827	6.4	16	0.17	14	0.35	13
		美	17	94.4	1	13	1	741	69.3	1	416	1	1.64	1	2469	97.8	1	24146	84.9	1	1.83	1	3.46	1

续表

序号	前沿名称		国家研究前沿热度指数																					
			国家贡献度												国家影响度								值	排名
			国家核心论文					国家施引论文					值	排名	国家核心论文			国家施引论文			值	排名		
			论文/篇	比例/%	排名	署名通讯作者论文/篇	通讯作者论文排名	论文/篇	比例/%	排名	署名通讯作者论文/篇	通讯作者论文排名			被引频次	比例/%	排名	被引频次	比例/%	排名				
6	基于“斯隆数字巡天”（SDSS）等多项巡天项目的重子声学振荡相关研究	中	3	37.5	5	0	—	218	20.9	3	153	2	0.58	4	639	32.9	5	11826	44.8	9	0.78	7	1.36	7
		美	8	100.0	1	4	1	425	40.7	1	223	1	1.41	1	1945	100.0	1	21481	81.4	1	1.81	1	3.22	1
7	超新星及其对应前身星性质研究	中	4	19.0	6	2	5	115	9.5	12	75	5	0.29	9	456	18.5	8	1555	7.8	13	0.26	9	0.55	10
		美	13	61.9	1	9	1	778	64.0	1	455	1	1.26	1	1698	69.1	1	14619	73.1	1	1.42	1	2.68	1
8	“斯隆数字巡天”（SDSS）计划第3期及其中的“重子振荡光谱巡天”（BOSS）项目	中	2	50.0	5	0	—	179	18.9	6	97	3	0.69	6	1105	73.8	5	4618	26.0	7	1	6	1.69	6
		美	4	100.0	1	4	1	644	67.9	1	363	1	1.68	1	1498	100.0	1	15559	87.7	1	1.88	1	3.56	1
9	“太阳动力学天文台”（SDO）任务及其仪器性能以及其他相关太阳物理学研究	中	1	7.7	5	0	—	383	19.4	2	317	2	0.27	4	149	4.9	6	2758	15.2	3	0.2	3	0.47	3
		美	12	92.3	1	11	1	1046	53.1	1	653	1	1.45	1	2894	95.2	1	12818	70.7	1	1.66	1	3.11	1
10	基于“哈勃空间望远镜”（HST）开展的“宇宙组装近红外深河外遗迹巡天”（CANDELS）和“三维哈勃空间望远镜”（3D-HST）巡天项目	中	0	0	—	0	—	66	9.4	14	27	9	0.09	19	0	0	—	1066	5.1	19	0.05	20	0.15	20
		美	5	100.0	1	3	1	591	83.9	1	305	1	1.84	1	1439	100.0	1	19462	93.8	1	1.94	1	3.78	1

续表

序号	前沿名称		国家研究前沿热度指数																					
			国家贡献度												国家影响度								值	排名
			国家核心论文					国家施引论文					值	排名	国家核心论文			国家施引论文			值	排名		
			论文/篇	比例/%	排名	署名通讯作者论文/篇	通讯作者论文排名	论文/篇	比例/%	排名	署名通讯作者论文/篇	通讯作者论文排名			被引频次	比例/%	排名	被引频次	比例/%	排名				
11	“磁层多尺度”（MMS）任务及其初期结果以及相关磁重联研究	中	1	6.7	8	0	—	10	7.8	7	6	6	0.14	8	11	2.6	9	16	4.5	8	0.07	10	0.22	9
		美	15	100.0	1	12	1	109	84.5	1	75	1	1.84	1	417	100.0	1	354	99.2	1	1.99	1	3.84	1
12	双黑洞等双致密天体的形成及合并	中	0	0	—	0	—	13	11.2	10	3	11	0.11	11	0	0	—	828	63.6	9	0.64	10	0.75	10
		美	6	75.0	1	3	1	70	60.3	1	49	1	1.35	1	151	81.2	1	1112	85.5	1	1.67	1	3.02	1

注：天文学与天体物理学领域共遴选出 12 个前沿，序号 1～10 为热点前沿，序号 11、12 为新兴前沿

储能器件”“关于 Keller-Segel 趋化方程的研究”和“基于生物特征识别的远程用户认证方案”6 个热点前沿中国的国家研究前沿热度指数、国家贡献度、核心论文份额均排名第 1，在国家影响度、核心论文被引频次份额、施引论文被引频次份额指标上也均排名靠前，表现了最强的研究活跃度；并且在这 6 个前沿里面贡献的署名通讯作者的核心论文数和施引论文数中国均排名第 1，领跑这 6 个前沿的发展；美国在这 6 个研究前沿的多项指标上排名前五位，也表现出较强的前沿活跃度；并且贡献的署名通讯作者的核心论文数和施引论文数美国也多排名第 2 或第 3，在这 6 个前沿中多处在并跑的位置。

从“二阶应变梯度理论及其应用”和“选择性激光熔融技术加工金属部件的工艺、微结构和机械性能研究”这两个研究前沿来看，美国的国家研究前沿热度指数是高于中国的，尤其在“选择性激光熔融技术加工金属部件的工艺、微结构和机械性能研究”研究前沿，美国在 7 项指标中的国家研究前沿热度指数、国家贡献度、国家影响度、核心论文份额、核心论文被引频次份额等 5 项指标位于第 1 的位置。中国在“选择性激光熔融技术加工金属部件的工艺、微结构和机械性能研究”研究前沿的活跃度仅次于美国，在国家研究前沿热度指数、国家贡献度、国家影响度、核心论文份额、核心论文被引频次份额均排名第 2，但是在施引论文份额、施引论文被引频次份额、署名通讯作者的施引论文数这三个方面，中国是高于美国的，位列世界第 1 的位置，可以说在这个研究前沿中，中美的差距甚微，都有着十分高的研究活跃度。在“二阶应变梯度理论及其应用”和“功能梯度板 / 梁的剪切变形理论研究”2 个热点前沿中，中美均处于跟跑的位置，从“功能梯度板 / 梁的剪切变形理论研究”研究前沿来看，中国的研究活跃度虽高于美国，但中美两国在这个研究前沿的发展处于落后水平，值得注意的是在核心论文份额、核心论文被引频次份额和署名通讯作者的核心论文数这三个方面，中美两国的数据均为 0，而中国在施引论文份额、署名通讯作者的施引论文数均排名第 3，远远领先于美国，但是中美两国在这个研究前沿还是有很大的上升空间。“基于修正偶应力理论和应变梯度理论的微梁和微板的动力学研究”研究前沿，中国 7 项指标均领先于美国，并且由中国贡献的署名通讯作者的核心论文数和施引论文数均排名第 2，处于并跑位置，而美国则处于跟跑的位置，值得注意的是中国在这个研究前沿的 7 项指标中，除了国家影响度和核心论文被引频次份额排名第 3 以外，其余的 5 项指标均处于第 2 的位置，在这个领域有着较高的研究活跃度，而美国和中国则有着一定的差距。

综上所述，在该领域中国以较大的优势领先美国，但在个别前沿中美差距不大，希望中国能在巩固当前优势的前提下，进一步扩大领先前沿的覆盖范围和领跑的绝对优势。

表 13.9　数学、计算机科学与工程领域 10 个前沿中国和美国的热度指数、贡献度和影响度以及发展状态对比

序号	前沿名称		国家贡献度·国家核心论文·论文/篇	国家贡献度·国家核心论文·比例/%	国家贡献度·国家核心论文·排名	国家贡献度·国家核心论文·署名通讯作者论文/篇	国家贡献度·国家核心论文·通讯作者论文排名	国家贡献度·国家施引论文·论文/篇	国家贡献度·国家施引论文·比例/%	国家贡献度·国家施引论文·排名	国家贡献度·国家施引论文·署名通讯作者论文/篇	国家贡献度·国家施引论文·通讯作者论文排名	国家贡献度·值	国家贡献度·排名	国家影响度·国家核心论文·被引频次	国家影响度·国家核心论文·比例/%	国家影响度·国家核心论文·排名	国家影响度·国家施引论文·被引频次	国家影响度·国家施引论文·比例/%	国家影响度·国家施引论文·排名	国家影响度·值	国家影响度·排名	国家研究前沿热度指数·值	国家研究前沿热度指数·排名
1	二阶应变梯度理论及其应用	中	0	0	—	0	—	16	5.7	7	14	5	0.06	8	0	0	—	34	2.0	9	0.02	9	0.08	8
		美	6	12.0	3	3	3	35	12.5	4	22	4	0.25	3	102	9.2	3	225	13.5	4	0.23	4	0.47	4
2	非线性发展方程的孤子解及其在流体力学、电磁学等领域的应用	中	33	80.5	1	30	1	328	76.3	1	309	1	1.57	1	883	84.8	1	1342	80.9	1	1.66	1	3.22	1
		美	15	36.6	2	10	2	56	13.0	2	26	2	0.5	2	290	27.9	2	294	17.7	2	0.46	2	0.95	2
3	功能梯度板/梁的剪切变形理论研究	中	0	0	—	0	—	46	13.2	3	43	3	0.13	6	0	0	—	114	3.7	9	0.04	10	0.17	6
		美	0	0	—	0	—	9	2.6	12	2	16	0.03	14	0	0	—	93	3.0	11	0.03	12	0.06	13
4	水合物法气体分离（HBGS）技术和水合物分解特性研究	中	9	42.9	1	9	1	205	34.9	1	189	1	0.78	1	248	26.2	3	1460	31.8	1	0.58	1	1.36	1
		美	2	9.5	4	1	3	91	15.5	2	59	2	0.25	4	164	17.3	6	776	16.9	3	0.34	4	0.59	4
5	构形理论和火积理论等传热优化理论研究与应用	中	15	51.7	1	15	1	300	58.0	1	287	1	1.1	1	433	43.1	2	1938	60.1	1	1.03	1	2.13	1
		美	8	27.6	3	2	3	54	10.4	2	35	3	0.38	3	375	37.4	3	349	10.8	4	0.48	3	0.86	3
6	选择性激光熔融技术加工金属部件的工艺、微结构和机械性能研究	中	3	18.8	2	3	2	192	27.2	1	168	1	0.46	2	258	25.8	2	892	27.8	1	0.54	2	1	2
		美	8	50.0	1	6	1	177	25.1	2	156	2	0.75	1	448	44.8	1	710	22.1	2	0.67	1	1.42	1

续表

序号	前沿名称		国家研究前沿热度指数																				
			国家贡献度												国家影响度								值	排名
			国家核心论文					国家施引论文					值	排名	国家核心论文			国家施引论文			值	排名		
			论文/篇	比例/%	排名	署名通讯作者论文/篇	通讯作者论文排名	论文/篇	比例/%	排名	署名通讯作者论文/篇	通讯作者论文排名			被引频次	比例/%	排名	被引频次	比例/%	排名				
7	基于修正偶应力理论和应变梯度理论的微梁和微板的动力学研究	中	9	20.0	2	8	2	127	18.8	2	120	2	0.39	2	458	21.7	3	1166	15.8	2	0.38	3	0.76	2
		美	6	13.3	6	3	5	62	9.2	3	42	4	0.23	5	433	20.5	4	1024	13.9	4	0.34	4	0.57	4
8	基于超级电容器的储能器件	中	5	38.5	1	4	1	580	55.0	1	526	1	0.93	1	260	18.5	4	6441	47.3	1	0.66	2	1.59	1
		美	4	30.8	2	3	2	221	21.0	2	152	2	0.52	2	765	54.3	1	4892	35.9	2	0.9	1	1.42	2
9	关于 Keller-Segel 趋化方程的研究	中	26	57.8	1	24	1	137	61.7	1	129	1	1.19	1	567	49.0	2	738	46.4	2	0.95	2	2.15	1
		美	1	2.2	7	0	—	17	7.7	4	10	4	0.1	5	45	3.9	7	98	6.2	5	0.1	6	0.2	5
10	基于生物特征识别的远程用户认证方案	中	23	62.2	1	20	1	706	56.3	1	637	1	1.18	1	1268	52.3	1	2602	52.1	1	1.04	1	2.23	1
		美	10	27.0	2	5	2	176	14.0	2	86	3	0.41	2	1087	44.9	2	1260	25.2	2	0.7	2	1.11	2

注：数学、计算机科学与工程领域共遴选出 10 个前沿，序号 1～10 为热点前沿，无新兴前沿

13.10 经济学、心理学及其他社会科学领域

经济学、心理学及其他社会科学领域共遴选出10个热点前沿，无新兴前沿。从该领域整体来看，中美7项指标对比情况分别为，国家研究前沿热度指数2.45∶24.41、国家贡献度1.12∶11.24、国家影响度1.33∶13.18、核心论文份额0.69∶6.24、施引论文份额0.43∶5.00、核心论文被引频次份额0.90∶7.21、施引论文被引频次份额0.43∶5.97（数据见“2017研究前沿热度指数”的表12.23），各项指标值中国与美国均相差10倍左右，该领域美国的国家研究前沿热度指数得分世界排名第1，表现了最强的前沿活跃度，中国表现一般与美国存在相当大的差距。

从特定研究前沿层面来看（表13.10），在“人类起源、进化和迁徙的基因组学研究”“美国平价医疗法案的社会影响”“人乳头状瘤病毒（HPV）疫苗接种的社会调查”“工作记忆训练及其应用研究”“士兵、退伍军人等特殊人群身心健康与自杀、酗酒、药物滥用等行为研究”“双语对认知的影响研究”6个研究前沿，美国7项指标均排名第1，表现了最强的研究活跃度。并且在这6个前沿，贡献的署名通讯作者的核心论文数和施引论文数美国也均排名第1，处于领跑位置。在“人类起源、进化和迁徙的基因组学研究”研究前沿，中国的国家研究前沿热度指数值为1.22，排名第4，也表现了较强的研究活跃度，而核心论文份额与核心论文被引频次份额均排名第3，施引论文份额与施引论文被引频次份额均排名第8，在“人类起源、进化和迁徙的基因组学研究”“美国平价医疗法案的社会影响”“双语对认知的影响研究”研究前沿，在“人乳头状瘤病毒（HPV）疫苗接种的社会调查”“工作记忆训练及其应用研究”“士兵、退伍军人等特殊人群身心健康与自杀、酗酒、药物滥用等行为研究”研究前沿，中国在各项指标上与美国差距较大，活跃度有待提高。

其中，在“科研评价方法新进展——替代计量学”“精神病患者的健康状况和物理干预措施研究”“经济衰退对人口健康的影响”和“偏最小二乘结构方程模型在商业研究中的应用”研究前沿，美国7项指标大体上排名前三，表现出较强的研究活跃度。中国在各项指标值上均落后于美国，与美国存在较大的差距，研究活跃度表现一般。

综上所述，该领域中国与美国之间差距明显，中国如果要取得各项指标的提升，不断缩小与美国的差距需要付出更多的努力。

本章对中美两国在10个领域的100个热点前沿和43个新兴前沿的表现情况从多个角度进行了详细的比较分析，较为全面地展现了中国与美国在这些领域和前沿的活跃程度，揭示了两国的差距和优势，及各自的发展态势。

在化学与材料科学，以及数学、计算机科学与工程两个领域，中国表现了最强

表 13.10 经济学、心理学及其他社会科学领域 10 个前沿中国和美国的热度指数、贡献度和影响度以及发展状态对比

序号	前沿名称		国家研究前沿热度指数																					
			国家贡献度												国家影响度								值	排名
			国家核心论文					国家施引论文					值	排名	国家核心论文			国家施引论文			值	排名		
			论文/篇	比例/%	排名	署名通讯作者论文/篇	通讯作者论文排名	论文/篇	比例/%	排名	署名通讯作者论文/篇	通讯作者论文排名			被引频次	比例/%	排名	被引频次	比例/%	排名				
1	科研评价方法新进展——替代计量学	中	0	0	—	0	—	18	5.2	7	15	7	0.05	9	0	0	—	12	0.8	17	0.01	17	0.06	9
		美	4	15.4	4	1	7	83	24.1	1	63	1	0.4	3	242	33.3	2	494	30.9	2	0.64	2	1.04	2
2	人类起源、进化和迁徙的基因组学研究	中	16	42.1	3	2	6	119	7.7	8	56	8	0.5	4	1793	58.4	3	2136	13.7	8	0.72	4	1.22	4
		美	27	71.1	1	12	1	712	46.3	1	477	1	1.17	1	2422	78.9	1	9454	60.6	1	1.39	1	2.57	1
3	精神病患者的健康状况和物理干预措施研究	中	0	0	—	0	—	29	2.9	14	22	12	0.03	20	0	0	—	75	1.2	24	0.01	24	0.04	22
		美	9	37.5	3	4	3	289	29.0	1	221	1	0.66	3	889	56.8	2	2107	34.0	2	0.91	2	1.57	2
4	美国平价医疗法案的社会影响	中	0	0	—	0	—	11	1.5	4	10	2	0.02	4	0	0	—	12	0.4	7	0	—	0.02	7
		美	22	100.0	1	22	1	669	92.8	1	653	1	1.93	1	1137	100.0	1	2967	97.4	1	1.97	1	3.9	1
5.	经济衰退对人口健康的影响	中	2	6.9	5	1	5	21	2.8	16	10	14	0.1	8	31	2.5	6	261	6.5	14	0.09	10	0.19	8
		美	10	34.5	2	3	3	212	27.8	2	135	2	0.62	2	641	50.9	2	1867	46.3	2	0.97	2	1.59	2
6	人乳头状瘤病毒（HPV）疫苗接种的社会调查	中	0	0	—	0	—	4	0.9	14	3	9	0.01	14	0	0	—	0	0	24	0	—	0.01	20
		美	9	100.0	1	9	1	401	86.6	1	387	1	1.87	1	702	100.0	1	2008	94.2	1	1.94	1	3.81	1

续表

序号	前沿名称		国家研究前沿热度指数																					
			国家贡献度												国家影响度								值	排名
			国家核心论文					国家施引论文					值	排名	国家核心论文			国家施引论文			值	排名		
			论文/篇	比例/%	排名	署名通讯作者论文/篇	通讯作者论文排名	论文/篇	比例/%	排名	署名通讯作者论文/篇	通讯作者论文排名			被引频次	比例/%	排名	被引频次	比例/%	排名				
7	士兵、退伍军人等特殊人群身心健康与自杀、酗酒、药物滥用等行为研究	中	0	0	—	0	—	0	0	—	0	—	0	—	0	0	—	0	0	—	0	—	0	—
		美	23	88.5	1	20	1	623	76.6	1	589	1	1.65	1	1046	90.0	1	3000	88.7	1	1.79	1	3.44	1
8	偏最小二乘结构方程模型在商业研究中的应用	中	0	0	—	0	—	61	10.0	6	47	4	0.1	11	0	0	—	140	7.3	8	0.07	9	0.17	10
		美	8	66.7	2	4	2	145	23.7	1	87	1	0.9	2	713	85.6	1	714	37.3	1	1.23	1	2.13	1
9	工作记忆训练及其应用研究	中	1	4.5	11	0	—	36	3.5	10	24	9	0.08	12	188	10.0	10	136	1.6	15	0.12	11	0.2	10
		美	15	68.2	1	12	1	493	47.3	1	424	1	1.15	1	1435	76.0	1	4728	54.0	1	1.3	1	2.45	1
10	双语对认知的影响研究	中	3	15.8	4	0	—	43	8.3	5	25	5	0.24	5	239	19.5	5	397	11.2	5	0.31	5	0.55	6
		美	8	42.1	1	6	1	235	45.5	1	192	1	0.88	1	600	49.0	1	1904	53.6	1	1.03	1	1.9	1

注：经济学、心理学及其他社会科学领域共遴选出 10 个前沿，序号 1～10 为热点前沿，无新兴前沿

的综合实力，在国家研究前沿热度指数、国家贡献度、国家影响度、核心论文份额、施引论文份额、核心论文被引频次份额和施引论文被引频次份额 7 项指标上整体领先于美国，并以较大优势领跑这两个领域中多数具体前沿的发展。希望通过中国科学家的进一步努力，能在领先优势和优势前沿的覆盖范围上有进一步的提升。

在农业、植物学和动物学，生态与环境科学，地球科学，生物科学和物理学 5 个领域，美国在 7 项指标上都位居第 1。中国虽然从领域整体上与美国略有差距，分别排第 2～4 名；但中国在这 4 个领域有个别前沿已跻身世界先进行列，表现活跃并取得了领跑位置。表明中国在这些领域已经进入并跑行列，并在某些前沿处于领跑位置。相信通过中国科学家的不懈努力，中国在这些领域会不断地在更多的前沿实现从参与到主导的角色转变。

在临床医学、天文学与天体物理学和经济学、心理学及其他社会科学 3 个领域，美国在 7 项指标都位居第 1。中国的国家研究前沿热度指数指标排在第 9～11 名，与美国有非常大的差距，因此中国在这些领域处于跟跑阶段。需要中国科学家付出更多的努力，应先扩大中国参与前沿的覆盖范围，进而提升在具体前沿活跃度，争取取得在个别前沿领跑的突破。

附录　研究前沿综述：寻找科学的结构

作者：David Pendlebury

Eugene Garfield 于 1955 年第一次提出科学引文索引概念之际，即强调了引文索引区别于传统学科分类索引的几点优势[1]。因为引文索引会对每一篇文章的参考文献做索引，检索者就可以从一些已知的论文出发，去跟踪新近发表的引用了这些已知论文的论文。此外，无论是顺序或回溯引用论文，引文索引都是高产与高效的。

因为引文索引是基于研究人员自身的见多识广的判断，并反映在他们文章的参考文献中，而图书情报索引专家对出版物的内容并不如作者熟悉，只能靠分类来做索引。Garfield 将这些作者称为“引文索引部队”，同时他认为这种索引是一种“创意联盟索引”。他认为引文是各种思想、概念、主题、方法的标志，“引文索引可以精确地、毫不模糊地呈现主题，不需要过多的解释，并对术语的变化具备免疫力”[2]。除此之外，引文索引具有跨学科属性，打破了来源文献覆盖范围的局限性。引文所呈现出的联系不局限于一个或几个领域——这种联系遍布整个研究世界。对科学而言，自从学科交叉被公认为研究发现的沃土，引文索引便呈现出独特的优势。诺贝尔奖得主 Joshua Lederberg 是 Garfield 这一思想较早的支持者，他在自己的遗传学研究领域与生物化学、统计学、农业、医学的交叉互动中受益匪浅。Science Citation Index（现在的Web of Science）创建于 1963 年[3]，虽然 Science Citation Index 经过很多年才被图书情报人员及学术圈完全认可，但是引文索引理念的影响力及它在操作过程中产生的实质作用是无法被否认的。

虽然 Science Citation Index 的主要用途是信息检索，但是从其诞生之初，Garfield 就很清楚它的数据可以被用来分析科学研究本身。首先，他意识到论文的被引频次可以界定“影响力”显著的论文，而这些高被引论文的聚类分析结果可以指向具体的领域。不仅如此，他还深刻理解到大量的论文之间的引用与被引用虽然极其复杂，但揭示了科学的结构。他发表于1963年的一篇论文*Citation indexes for sociological and historical research*，论述了利用引文分析客观探寻研究前沿的方法[4]。这篇文章背后的逻辑与利用引文索引进行信息检索的逻辑如出一辙：引文不仅体现了智力活动之间的相互连接，还体现了研究者社会属性的相互联系，它是研究人员做出的智力判断，反映了学术领域学者行为的高度自治与自律。Garfield在1964年与同事Irving H. Sher及Richard J. Torpie第一次将引文关系佐证下指向的具备影响力的相关理论按时期进行线性描述，制作出DNA的发现过程及其结构研究的一幅科学历史脉络图[5]。Garfield清楚地看到引文数据是呈现科学结构的最好素材。迄今，除了利用引文数据绘制了特定研究领域的历史图谱外，尚未出现一幅展示更为宏大的科学结构的图谱。

在这个领域Garfield并不孤独。同期，物理学、科学史学家Derek J. de Solla Price也试图探寻科学研究的本质与结构。作为耶鲁大学的教授，他首先使用科学计量方法对科学研究活动进行了测量，并且分别于1961年与1963年出版了两本颇具影响的书，证明了为什么17世纪以来无论是研究人员数量还是学术出版数量都呈现指数增长态势[6,7]。但是在他的工作中鲜有对科学研究活动本身的统计分析，因为在他不知疲倦的探究之路上，获取、质询、解读研究活动的想法还没有提上日程。Price与Garfield正是在此时相识了。Price，这位裁缝的儿子，收到了来自Garfield的数据，他这样描述当时的情景："我从ISI计算机房的剪裁板上取得了这些数据"。[8]

1965年，Price发表了《科学研究论文网络》一文，文中利用了大量的引文分析数据描述他所定义的"科学研究前沿"的本质[9]。之前，他使用"研究前沿"这个词语时采用的是其字面意思，即某些卓越科学家在最前沿所进行的领先研究。但是在这篇论文中，他以N射线研究为例（该研究领域的生命周期很短），基于按时间顺序排列的论文及其互引模式构成的网络，从出版物的密度以及不同时期活跃度的角度对研究前沿进行了描述。Price观察到研究前沿是建立在新近发表的"高密度"论文上，这些论文之间呈现出联系紧密的网状关系图。

"研究前沿从来都不是像编织那样一行一行编出来的。相反，它通常被漏针编织成小块儿或者小条儿。这些'条'被客观描述成'主题'，对'主题'的描述虽然随着时间推移会发生巨大变化，但是作为智力活动的内在含义保持了相对稳定性。如果有人想探寻这种'条'的本质，也许就会指向一种勾勒当前科学论文'地形图'的方法。这种'地形图'形成过程中，人们可以通过期刊在地图中的位置以及在'条'中的战略中心地位来识别期刊（实际上是国家、个人或单篇论文）的共同及各自相对的重要性。"[10]

1972年，年轻的科学史学者Henry Small离开位于纽约的美国物理学会，加入费城的美国科技信息所，他加入的最初动机是希望可以利用Science Citation

Index 的数据以及题名和关键词的价值。但是很快他就调整了方向，把注意力从“文字”转向了“文章间相互引用行为”，这种转变背后的动机与 Garfield 和 Price 不谋而合：引文的力量及其发展潜力。1973 年，Small 在 Garfield 1955 年介绍引文思想论文的基础上，开拓出自己全新的方向，发表了论文 *Co-citation in the scientific literature*：*A new measure of relationship between two documents*，这篇论文介绍了一种新的研究方法——“共被引分析”，将描述科学学科结构的研究带入了一个新的时期[11]。Small 利用两篇论文共同被引用的次数来描述这两篇论文的相似程度，换句话说，就是统计“共被引频率”来确认相似度。

他利用当时新发表的粒子物理领域的论文分析来阐述自己的方法。Small 发现，这些通过“共被引”联系在一起的论文通常在研究主题上有高度的相似度，是相互关联的思想集合。他认为基于论文被引用频率的分析，可以用来寻找领域中关键的概念、方法和实验，是进行“共被引分析”的起点。前者用客观的方式揭示了学科领域的智力、社会和社会认知结构。像 Price 做研究前沿的研究一样，Small 将最近发表的通过引用关系紧密编织在一起的论文聚成组，接着通过“共被引分析”，发现分析结果指向了自然关联在一起的“研究单元”，而不是传统定义的“学科”或较大的领域。Small 将“共被引分析”比作一部完整的电影，而不是一张孤立的图片，以表达他对该方法潜力的极大信任。他认为，通过重要论文间的相互引用模式分析，可以呈现某个研究领域的结构图，这幅结构图会随着时间的推移而发生变化，通过研究这种不断变化的结构，“共被引分析”可以帮助我们跟踪科学研究的进展，以及评估不同研究领域的相互影响程度。

还有一位值得注意的科学家是俄罗斯研究信息科学的 Irina V. Marshakova-Shaikevich。她也在 1973 年提出了“共被引分析”的思想[12]。但是 Small 与 Marshakova-Shaikevich 并不了解彼此的工作，因此他们的工作可以被看作是相互独立、不谋而合的研究。科学社会学家 Robert K. Merton 将这种现象称为“共同发现”，这在科学史上是非常常见的现象，而很多人却没有意识到这种常见现象的存在[13,14]。Small 与 Marshakova-Shaikevich 都将“共被引分析”与“文献耦合”现象进行了对比，后者是 Myer Kessler 于 1963 年阐释的思想[15]。

“文献耦合”也是用来度量两篇论文研究内容相似程度的方法，该方法基于两篇论文中出现相同参考文献的频次来度量它们的相似程度，即如果两篇论文共同引用了同一篇参考文献，他们的研究内容就可能存在相似关系，相同的参考文献越多，相似度越大。“共被引分析”则是“文献耦合”分析的“逆”方向：不用两篇文章共同引用的参考文献频次做内容相似度研究的线索，而是将“共同被引用”的参考文献聚类，通过“共被引分析”度量这些参考文献的相似度。“文献耦合”方法所判断两篇文章之间的相似度是“静态”的，因为当文章发表后，其文后的参考文献不会再发生变化，也就是说两篇论文之间的相似关系被固定下来了；但是“共被引分析”是一个逆过程，永远无法预知哪些论文会被未来发表的论文“共同被引用”，它会随着研究的发展发生动态的变化。Small 更倾向于使用“共被引分析”，他认为这样的逆过程能够反映科学活动、科学家认知随着时间发生的变化[16]。

1974 年，Small 与位于费城德雷塞尔大学（Drexel University）的 Belver C. Griffith 共同发表了两篇该领域里程碑式的著作，阐释了利用“共被引分析”寻找“研究单元”的方法，并且利用“研究单元”间的相似度做图呈现研究工作的结构[17,18]。虽然此后该方法有过一些重大的调整，但是它的基本原理与实施方式从来没有改变过。首先遴选高被引论文合集作为“共被引分析”的种子。将这样的高被引论文合集限定在一定规模范围内，这些论文被假定可以作为其相关研究领域关键概念的代表论文，对该领域起着重要的影响作用，作为寻找这些论文的线索，“被引用历史”成为关键点，利用引用频次建立的统计分析模型可以证明这些论文的确具有学科代表性与稳定性。一旦这样的合集被筛选出来，就要对该合集做“共被引扫描”。合集中，同时被同一篇论文引用的论文结成对，称为“共被引论文对”，当然会出现很多结不成对的“0”结果。当很多“共被引论文对”被找到时，接下来会检查这些“共被引论文对”之间是否存在“手拉手”的关系，举例来说：如果通过“共被引扫描”发现了共被引论文对 A 和 B”“共被引论文对 C 和 D”“共被引论文对 B 和 C”，那么由于论文 B 和 C 的共被引出现，“共被引论文对 A 和 B”与“共被引论文对 C 和 D”就被联系到一起了。我们就认为两个“共被引论文对”出现了一次交叉或者“拉手”。因为这一次交叉，就将这两个“共被引论文对”合并聚成簇，也就是说两个“共被引论文对”间只需要一次“拉手”就能形成联系。

通过调高或调低共被引强度阈值可以得到规模大小不同的“聚类”或者“群”。阈值越低，越多的论文得以聚类，形成的“群”越大，阈值过低则会形成不间断的“论文链”。如果调高阈值，就可以形成离散的专业领域，但是如果相似度阈值设得太高，就会形成太多分裂的“孤岛”。

在构建研究前沿方法中采用的“共被引相似度”计量方法以及共被引强度阈值随着时间的推移有所不同。目前采用余弦相似性（cosine similarity）方法计量“共被引相似度”，即用共被引频次除以两篇论文的引用次数的平方根。而“共被引强度”最小阈值是相似度 0.1 的余弦，不过这个值是可以逐渐调高的，一旦调高就会将大的“聚类”变小。通常如果研究前沿聚类核心论文超过最大值 50 时，我们就会这样做。反复试验表明这种做法能产生有意义的研究前沿。

现在我们做个总结，研究前沿是由一组高被引论文和引用这些论文的相关论文组成的，这些高被引论文的共被引相似度强度位于设定的阈值之上。

事实上，研究前沿聚类应该同时包含两个组成部分，一部分是通过共被引找到的核心论文，这些论文代表了该领域的奠基工作；另外一部分就是对这些核心论文进行引用的施引论文，其中最新发表的论文反映了该领域的新进展。研究前沿的名称则是从这些核心论文或施引论文的题名总结而来的。ESI 数据库中研究前沿的命名主要是基于核心论文的题名。有些前沿的命名也参考了施引论文。正是这些施引论文的作者通过共被引决定了重要论文的对应关系，也是这些施引论文作者赋予研究前沿以意义。研究前沿的命名并不是通过算法来进行的，仔细地、一篇一篇通过人工探寻这些核心论文和施引论文，无疑会对研究前沿工作本质的描述更加精确。

Garfield 这样评价 Small 与 Griffith 的工作，“他们的工作是我们的飞行器得以起飞的最后一块理论基石”[19]。Garfield——一位实干家，他将自己的理论研究工作转化成数据库产品，无论是信息检索还是分析领域都受益良多。这个飞行器以 1981 年出版的《ISI 科学地图：生物化学和分子生物学（1978/80）》（*ISI Atlas of Science: Biochemistry and Molecular Biology, 1978/80*）而宣告起飞[20]，可以说这本书所呈现的工作与 Small 的工作有着内在的联系。这本书分析了 102 个研究前沿，每一个前沿都包括一张图谱，其包含了前沿背后的核心论文，以及多角度展示这些论文间的相互关系。每一组核心论文被详细列出，并且给出它们的被引用次数，那些重要的施引论文也会在清单中，还会基于核心论文的被引用次数给出每个前沿的相关权重。

伴随这些分析数据的还有来自各前沿专业领域的专家撰写的综述。书的最后，是这 102 个研究前沿汇总在一起的巨大图谱，显示出它们之间的相似关系。这项工作具有划时代的意义，但对于市场来说无异于一场赌博，这就是 Garfield 的个性写真。

Small 与 Griffith 于 1974 年共同发表的第二篇论文中，可以看到他们对不同研究前沿相似度的度量[21]。通过“共被引分析”构建的研究前沿及其核心论文，是建立在这些论文本身的相似度基础上的。同样，用这种方法形成的不同研究前沿之间的相似度也是可以描述的，从而发现那些彼此联系紧密的研究前沿。在他们的研究前沿图谱中，Small 与 Griffith 通过不同角度剖析、缩放数据以期接近这两个维度的研究方向。

对 Small 与 Griffith 的工作，尤其是从以上两个维度解析通过“共被引分析”聚类论文图谱的工作，Price 认为“看上去这是非常深奥的工作，也是革命性的突破”。他强调“他们的发现似乎预示着科学研究存在内在的结构与秩序，需要我们进一步去发现、辨识、诊断。我们习惯常用分类、主题词的方式去描述它，看上去与它自然内在的结构是背道而驰的。如果我们真想发现科学研究结构，无疑需要分析海量的科学论文，生成巨型地图。这个过程是动态的，不断随着时间而变化，这使得我们在第一时间就能捕捉到它的进展与特性”[22]。

在出版了另一本书和一系列综述性期刊之后[23-24]，*ISI Altas of Science* 作为系列出版物终止于 20 世纪 80 年代。出于商业考虑，那时还有更优先的事情需要做。但是 Garfield 与 Small 继续执着地行走在科学图谱这条道路上，他们几十年来做了各种研究与实验。1985 年，Small 发表了两篇论文介绍他关于研究前沿定义方法的重要修正：分数共被引聚类法（fractional co-citation clustering）[25]。

根据引用论文的参考文献的多少，通过计算分数被引频次调整领域内平均引用率差异，借此消除整体计数给高引用领域（如生物医药领域）带来的系统偏差。随着方法的改进，数学显得越发重要，而在整数计数时代，数学曾被忽视。他还提出基于相似度可以将不同研究前沿聚类，这超越了单个研究前沿聚组的工作[26]。同年，Garfield 与 Small 发表了 *The geography of science*：*Disciplinary and national mappings*，阐述了他们研究的新进展。该论文汇集了 Science Citation Index 与 Social Sciences Citation Index 数据，勾勒出全球该领域的研究状况，从全球的整体图出发，他们还进一步探索了更小分割单位的研究图谱[27]。这些宏 - 聚类间的关系与具体研究内容同样重要。这些关联如同丝线，织出了科学之网。

接下来的几年里，Garfield 致力于发展他的科学历史图谱，并在 Alexander I. Pudovkin 与 Vladimir S. Istomin 的协助下，开发了 HistCite 这一软件工具。HistCite 不仅能够基于引用关系自动生成一组论文的历史图谱，提供某一特定研究领域论文发展演化的缩略图，还可以帮助识别相关论文，这些相关论文可能在最初检索时没有被检索到，或者没有被识别出来。因此，HistCite 不仅是一个科学历史图谱的分析软件，也是帮助论文检索的工具[28,29]。

Small 继续完善着他的共被引分析聚类方法，并且试图基于某个学科领域前沿之间呈示的认知关系图谱探索更多的细节内容[30,31]。背后的驱动力是对科学统一性的强烈兴趣。为了显示这种统一性，Small 展示了通过强大的共被引关系，如何从一个研究主题漫游到另一个主题，并且跨越了学科界限，甚至从经济学跨越到天体物理学[32,33]。对此 Small 与 E. O. Wilson 有类似的看法，后者在 1998 年出版的名为 *Consilience: The Unity of Knowledge* 一书中表达了类似的思想[34]。20 世纪 90 年代早期，Small 发展了 Sci-Map，这是一个基于个人计算机的论文互动图形系统[35]。后来的数年中，他将研究前沿的研究数据放到 ESI 数据库中。

ESI 主要用来做研究绩效分析。ESI 中的研究前沿，以及有关排名的数据每两个月更新一次。这时，Small 对虚拟现实软件产生了极大的兴趣，因为这类软件可以产生模拟真实情况的三维虚拟图形，可以实时处理海量数据[36,37]。例如，20 世纪 90 年代末期，Small 领导了一个科学论文虚拟图形项目，在桑迪亚国家实验室成功开发了共被引分析虚拟现实软件 VxInsight[38,39]。

由于桑迪亚国家实验室高级研究经理 Charles E. Meyers 富有远见的支持，在动态实时图形化学术论文领域，该研究无疑迈出了巨大的一步，这也是一个未来发展迅速的领域。该软件可以将论文的密度及显著特征用山形描绘出来。可以放大、缩小图形的比例尺，允许用户通过这样的比例尺缩放游走在不同层级学科领域。基础数据的查询结果被突出显示，一目了然。

事实上，20 世纪 90 年代末期对于科学图谱研究来说是一个转折点，之后，有关如何界定研究领域，以及领域间关系的可视化研究都得到了迅猛发展。全球现在有很多学术中心致力于科学图谱的研究，他们使用的方法与工具不尽相同。印第安纳大学的 Katy Borner 教授在其 2010 年出版的一本书——*Atlas of Science—Visualizing What We Know* 中对该领域过去 10 年取得的进展做了总结，当然这本书的名字听上去似曾相识[40]。

从共被引聚类生成科学图谱诞生，到这个领域的繁荣，大约经历了 25 年的时间。很有意思的是，引文思想从产生到 Science Citation Index 的商业成功也大约经历了 25 年。当我们回顾这个进程时，清楚地看到相对于它们所处的时代来说两者都有些超前。如果说 Science Citation Index 面临的挑战来自图书馆界根深蒂固的传统思想与模式（进一步说就是来自研究人员检索论文的习惯性行为），那么，科学图谱，作为一个全新的领域，之所以迟迟未被采纳，其原因应归为，在当时的条件下，缺乏获取研究所需的大量数据的渠道，并受到落后的数据存储、运算、分析技术的限制。直到 20 世纪 90 年代，这些问题才得到根本解决。个人计算机与软件的发展已经可以胜任海量数据的分析工作。今天，我们利用 Web of Science 进行信息检索、结果分析、研究前沿分析、图谱生成，以及科学活动分析，它不仅拥有了用户，还拥有了忠诚的拥趸与宣传者。

Garfield 与 Small 辛勤播种，很多年后这些种子得以生根、发芽，在很多领域迸发出勃勃生机。有人这样定义什么是了不起的人生——“在人生随后的岁月中，将年轻时萌发的梦想变成现实”。从这个角度说，他们两人不仅开创了信息科学的先锋领域，而且成就了他们富有传奇的人生。科睿唯安将继续支持并推进这个传奇的持续发展。

参考文献

[1] Garfield E. Citation indexes for science: A new dimension in documentation through association of ideas. Science, 1955, 122 (3159): 108-111.

[2] Garfield E. Citation Indexing: Its Theory and Application in Science, Technology, and Humanities. New York: John Wiley & Sons, 1979.

[3] Genetics Citation Index. Philadelphia: Institute for Scientific Information, 1963.

[4] Garfield E. Citation indexes in sociological and historic research. American Documentation, 1963, 14 (4): 289-291.

[5] Garfield E, Sher I H, Torpie R G.The Use of Citation Data in Writing the History of Science. Philadelphia: Institute for Scientific Information, 1964.

[6] de Solla Price D J. Science Since Babylon. New Haven: Yale University Press, 1961.

[7] de Solla Price D J. Little Science, Big Science. New York: Columbia University Press, 1963.

[8] de Solla Price D J. Foreword in Eugene Garfield, Essays of an Information Scientist, vol 3, 1977-1978. Philadelphia: Institute for Scientific Information, 1979, v-ix.
[9] De Solla Price D J. Networks of scientific papers: The pattern of bibliographic references indicates the nature of the scientific research front. Science, 1965, 149 (3683): 510-515.
[10] Ibid.
[11] Small H. Co-citation in scientific literature: A new measure of the relationship between two documents. Journal of the American Society for Information Science, 1973, 24 (4): 265-269.
[12] Marshakova I V. System of document connections based on references. Nauchno Tekhnicheskaya, Informatsiza Seriya 2, 1973, 6: 3-8.
[13] Merton R K. Singletons and multiples in scientific discovery: A chapter in the sociology of science. Proceedings of the American Philosophical Society, 1961, 105 (5): 470-486.
[14] Merton R K. Resistance to the systematic study of multiple discoveries in science. Archives Européennes de Sociologie, 1963, 4 (2): 237-282.
[15] Kessler M M. Bibliographic coupling between scientific papers. American Documentation, 1963, 14 (1): 10-25.
[16] Small H. Cogitations on co-citations. Current Contents, 1992, 10: 20.
[17] Small H, Griffth B C. The structure of scientific literatures Ⅰ: Identifying and graphing specialties. Science Studies, 1974, 4 (1): 17-40.
[18] Griffith B C, Small H, Stonehill J A, et al. The structure of scientific literatures Ⅱ: Toward a macro and microstructure for science. Science Studies, 1974, 4 (4): 339-365.
[19] Garfield E. Introducing the ISI Atlas of Science: Biochemistry and Molecular Biology, 1978/80. Current Contents, 1981, 42, 5-13 //Garfield E. Essays of an Information Scientist, Vol. 5. 1981-1982.Philadelphia: Institute for Scientific Information, 1983: 279-287.
[20] ISI Atlas of Science: Biochemistry and Molecular Biology, 1978/80. Philadelphia: Institute for Scientific Information, 1981.
[21] Ibid.
[22] See note 8 above.
[23] ISI Atlas of Science: Biotechnology and Molecular Genetics, 1981/82. Philadelphia: Institute for Scientific Information, 1984.
[24] Garfield E. Launching the ISI Atlas of Science: For the new year, a new generation of reviews. Current Contents, 1987, 1: 3-8 //Garfield E. Essays of an Information Scientist, vol. 10, 1987. Philadelphia: Institute for Scientific Information, 1988: 1-6.
[25] Small H, Sweeney E D. Clustering the science citation index using co-citations. I. A comparison of methods. Scientometrics, 1985, 7 (3/6): 391-409.
[26] Small H, Sweeney E D, Greenlee E. Clustering the science citation index using co-citations. Ⅱ. Mapping science. Scientometrics, 1985, 8 (5/6): 321-340.
[27] Small H, Garfield E. The geography of science: Disciplinary and national mappings. Journal of Information Science, 1985, 11 (4): 147-159.
[28] Garfield E, Pudovkin A I, Istomin V S. Why do we need algorithmic historiography? Journal of the American Society for Information Science and Technology, 2003, 54 (5): 400-412.
[29] Garfield E.Historiographic mapping of knowledge domains literature. Journal of Information Science, 2004, 30 (2): 119-145.
[30] Small H. The synthesis of specialty narratives from-co-citation clusters. Journal of the American Society for Information Science, 1986, 37 (3): 97-110.
[31] Small H. Macro-level changes in the structure of cocitationclusters: 1983-1989. Scientometrics, 1993, 26 (1): 5-20.
[32] Small H. A passage through science: Crossing-disciplinary boundaries. Library Trends, 1999, 48 (1): 72-108.
[33] Small H. Charting pathways through science: Exploring Garfield's vision of a unified index to science // Cronin B, Atkins H B. The Web of Knowledge: A Festschrift in Honor of Eugene Garfield. Medford: American Society for Information Science, 2000: 449-473.
[34] Wilson E O. Consilience: The Unity of Knowledge. New York: Alfred A. Knopf, 1998.
[35] Small H. A Sci-MAP case study: Building a map of AIDs Research. Scientometrics, 1994, 30 (1): 229-241.
[36] Small H. Update on science mapping: Creating large document spaces. Scientometrics, 1997, 38 (2): 275-293.
[37] Small H. Visualizing science by citation mapping. Journal of the American Society for Information Science, 1999, 50 (9): 799-813.
[38] Davidson G S, Hendrickson B, Johnson D K, et al. Knowledge mining with VxInsight: Discovery

through interaction. Journal of Intelligent Information Systems, 1998, 11 (3): 259-285.
[39] Boyack K W, Wylie B N, Davidson G S. Domain visualization using VxInsight for science and technology management. Journal of the American Society for Information Science and Technology, 2002, 53 (9): 764-774.
[40] Börner K. Atlas of Science: Visualizing What We Know. Cambridge: The MIT Press, 2010.